莊子人性論

陳鼓應——著

當代道家學者陳鼓應
從莊子中的心性情，
剖析人生哲理。

目錄

序　反思人性的議題，開拓心靈的視野

一、莊子人性論對藝術人生的闡揚

本書特點有三。

第一，當代學者論及中國人性論時，多呈現儒學單一化的思考，且局限於心性論而不及情性論。港台新儒家中的心學一系更拘泥於「心體」與「性體」說，流於禪學化，對人性的論述誠如尼采（F. W. Nietzsche）所言，淪於「概念的木乃伊」而缺乏生命活力。

究其原因，在漢宋哲學史上，儒學的人性論從董仲舒至程朱陸王，不僅僅存在著尊性黜情之弊，更陷於性善情惡觀。因此，本書藉莊子著力於從正面闡發人性論中的情性說。

第二，本書意在揭示出哲學史上自然人性論的一條主線——自孔子、告子、莊子、荀子，下達王安石、蘇軾、王夫之、戴震。這條非常重要的自然人性論主線曾被後儒割裂，有待重新被連續起來。

第三，春秋末年，老子和孔子揭開了中國哲學開創期的序幕，儒道兩家圍繞人性的議題各自闡發其獨特的慧見。戰國中期，孟、莊進一步將老、孔未顯題化的人性理論推向顯題化，並由此成就了中國人性論在其開端期的高峰。可以說，孟子和莊子在人性論的內涵上相互彰顯。為此，本書一方面對比孟子的道德心，進而陳述莊子的審美心，另一方面在孟子性善的襯托下，論述莊子人性的真與美，並沿著這一脈絡系統化地解讀莊子在道情、天情的統攝下，關照現實人生的「任其性命之情」與「安其性命之情」的理論走向，目的在於呈現人性論議題中儒道兩家的理論特徵——儒家強調道德人生，而道家側重藝術人生。兩者的匯合又更能彰顯出中國文化的特質。

二、我對道家人性論進行探索的一段學思歷程

對人性論議題的思索，我經歷了一段漫長的學思歷程。

大學時代，我們的西方哲學史課程採用阿爾弗雷得．韋伯（Alfred Weber）的著作作為教科書，這本書開篇論述希臘哲學，便突出形上學與自然哲學的課題。整部哲學史中，幾位主要的哲學家也都以形上學作為他們理論建構的主體，而不像中國哲學那樣重視人性論的問題。我的學士論文以洛克（John Rocke）的知識論為題。在探討知識起源時，洛克提到「人性白板說」，給予我很深的印象。可是，嚴格說來，我在整個大學階段，都未曾進入人性論的領域。主要原因有兩個，一個是西方哲學神造說與原罪論籠罩下的人性論，與我自幼耳濡目染的人文傳統格格不入；其次是港台新儒家道統說所塑造的偶像崇拜之禁錮人心，尤其是「存天理，滅人欲」的學說，更無法引發我學生時代的興趣。

相比之下，中國哲學史的課程一開始就會接觸到人性論的議題，尤其是孟子和告子

的人性爭論。當時初學邏輯的我，便感覺告子的陳述比較合理，而孟子的言辭恰似詭辯，他使用邏輯上所謂「偷換概念」的方式進行論辯。因而，從那時起，我便對孟子有關人性的陳述抱著存疑的態度，從而對人性議題的思索也被長期擱置。直到二十世紀八〇年代中期來到北大任教，我才由重建道家人文精神的課題，進而反思人性的議題。

三、當代社會心理學家的反思：人性究竟是狼，是羊，還是披著羊皮的狼？

整個二十世紀六〇年代，我由尼采進入存在主義和莊子，並旁及羅素（B. A. W. Russell）、弗洛姆（Erich Fromm）等社會哲學的著作，其中，他們有關人性的闡述曾一度引發我的關注。這也是促使我在八、九〇年代以人性的議題作為學術課題加以思考的機緣。特別是弗洛姆在《人心》（*The Heart of Man*）一書中關於人性是羊還是狼，抑或披著羊皮的狼的質疑，引起我極大的共鳴。作為人本主義倫理學的代表作，弗洛姆的《人心》一方面致力於探尋善惡的心理根源，也就是倫理行為的心理動機；另一方面則側重於反思當代工商業社會對人性的扭曲與摧殘，並指明軍國主義霸權正引導人類走向新的野蠻主義，正如弗洛姆一語中的地指出：「戰爭是一些政治、軍事以及企業的領導人為獲取領土、自然資源和商業利益……為加強他們自身的威望和榮譽而做出發動戰爭決定的結果。」隨著閱歷越豐富，視野越寬廣，我就越能從地球村的高度來審視世界，也越能印證弗洛姆上述主張的精準。

整個七〇年代，由於現實人生屢遭波折，我的學術人生也被迫中斷。而現實人生的轉變也同時影響著我學術人生的走向。保釣運動以後，我清醒地意識到所謂「自由民主的聖地」、「維護世界正義的警察」，實際上在世界各地都進行著掠奪和殺戮。他們的思維方式習慣於將相對關係絕對化，將自我視為絕對的「善」而將他人視為絕對的「惡」。如今目睹到中東、北非等地三十萬難民潮的有關報導，我更深刻感受到，西方的政客們不僅依然未能記取兩次世界大戰的教訓，而且還在政治的新野蠻主義與宗教的唯我獨尊論的雙重引導下，將人類整體帶入可能的第三次世界大戰的危機中。由此，弗洛姆的疑問——人性究竟是羊還是狼，或者是披著羊皮的狼——長期起伏在我的內心之中。

四、中國歷史長河中洋溢著濃郁的人文情懷

時至今日，我將對人性議題的關注寫進《莊子人性論》一書中。本書雖然著眼於莊子，但是，我們如果將思想視野拉長，放眼於長遠的歷史洪流，就會發現，中國的人性論史，早在殷周之際所形成的《詩》、《書》、《易》諸典籍中，便已顯露出濃郁的人文氣息。自此，人文精神猶如一條緩慢的長河穿流在中國思想史中，至先秦諸子時期，在中國哲學開創期的哲學群體或如尼采筆下所描繪的「一塊巨石鑿出的哲人

群像」中，匯成一股澎湃的人文思潮，流淌出人文精神的涓涓暖流。因此，我思考並撰寫《莊子人性論》時，也會不時回望先秦諸子的思想背景，尤其是儒、道兩家同源而異流的理論走向。就心性而言，孟子開闢出心性的道德領域，而莊子拓展出心性的審美面向；孟子側重在人性的善，而莊子傾向於人性的真與美。可以說，在人性的議題上，儒、道兩家呈現互補的關係。

進而，如果再將思想視野拉寬，從中西文化的對比看，中國人文精神的彌漫又與西方宗教的原罪說形成強烈對比。正如方師東美先生所言，西方神性遮蔽下的先天性惡論和人性兩極化，將「整合的人性淪為一種『惡性二分法』（vicious bifurcation）」，「足以戕害人性尊嚴，割裂人性完整，而這在中國人文主義的光照之下，尤其看得清楚」。可以說，中國的人文主義精神是一種「普遍生命流行的境界」。

是為序。

陳鼓應
二〇一六年五月

開放的心靈與審美的心境——

《莊子》內篇的心學

前言：《孟》、《莊》心學的特點——道德心與審美心

由春秋末期到戰國中期，是古代歷史上的大變局：在那苦難的時代，戰爭頻仍，政局動盪不安，人民長期陷入生死存亡的極限困境中。同時代的孟子和莊子對於「心」的議題的關注，反映了那特定時代如何安頓生命的迫切需求。古人認為心是精神活動的主體，因而可以說，對心的重視也就是對生命的重視。

從文獻來看，《論語》談到心只有六處，《老子》談到心也只有十處。在這苦難時代的前階段，孔子把「心」和「仁」做了一次鬆散的聯繫，[1] 老子則把「心」和「虛」做過一次緊密的聯繫。[2] 孔、老在「心」概念的理解上雖各有特點，可是尚未在哲學領域中形成一個顯明的思想觀念。經過一兩百年的發展，到了戰國中期的孟莊時代，對於心的論說才由隱含性的題材發展成為受到熱烈關切的哲學議題。

「心」在《孟子》中出現一百二十次，在《莊子》中則出現一百八十七次，孟、

莊的心學在這一概念出現的頻率中，展現出前所未有的豐富的思想內涵。孔、老以較為素樸的方式偶爾談及「心」，直到孟、莊時代才各自發展成獨特型態的心學，並匯成一股以關懷生命為主題的時代思潮。[3]

戰國中期諸侯各國相互侵伐，導致生靈塗炭的慘狀，正如孟子所說：「老弱轉乎溝壑，壯者散而之四方者幾千人矣。」（〈梁惠王下〉）莊子也說：「今世殊死者相枕也，桁楊者相推也，刑戮者相望也。」（〈在宥〉）孟、莊目擊廣大苦難人民的悲慘命運，而發出如此悲痛的呼聲，反映著這樣的時代意義：

第一，對於人類處境的反省。在那烽火不息的時代環境中，孟、莊藉由心的議題

1. 見《論語．雍也》：「回也，其心三月不違仁。」心在此處是自覺心的概念，但尚未出現直接與仁聯繫的顯明命題。
2. 《老子》第三章：「虛其心，實其腹，弱其志，強其骨。」此處的心也尚未與本源之道有直接聯繫。
3. 唐君毅先生說：「中國思想之核心，當在其人心觀……道家莊子一派，其言人心者尤多。」「吾人生於今世，尤更易覺到莊子所言人心之狀，遠較孟子、墨子所言人心之狀，對吾人為親切有味。」（〈孟墨莊荀之言心申義〉，《新亞學報》一九五五年第一卷第二期）

發出了拯救苦難人群的呼聲。

第二，在生命關懷的前提下，思考著整體人類精神生活的出路以及個體內在世界的展示。

第三，個體意識的覺醒，喚起價值主體的重建。由各自的學說出發，孟子著重在道德意識的發揚，莊子則關注於人類精神生活中的自由如何可能的問題，以及由此種自由精神所透露出的審美意識及藝術情懷。

處於古代文明「軸心時期」的孟、莊，開創了心學的兩大領域——孟子所開闢的道德領域和莊子所開拓的審美領域，它們在古代文化史上交相輝映。他們以不同的理想訴求，企圖實現以道抗勢的理想：孟子是在各國間奔走呼籲，期望繼承孔子以道德治世的理念，由是打開了一條士人入仕的路途；莊子則塑造了一個獨特風格的文人傳統。兩種理想表現出不同的途徑，在精神生活中，一個是道德意識的闡發，一個則是審美意識的高揚，兩者如何進行對話，倒是值得我們深思的一個議題。[4]

學界有關孟子心學的討論很多，而關注莊子心學者罕見。本文以《莊子》內篇心學為題，[5]詮釋其開放心靈與審美心境。

一、〈逍遙遊〉：「遊心於無窮」

（一）「逍遙」義——困苦中自得自適的心境

早年初讀《莊子》，對於〈逍遙遊〉中所表達的思想自由和精神自由的主旨，產生極大的共鳴。我深感莊子是古代知識分子中第一個對於「自由」提出深刻思考的哲

4.《莊子．田子方》上假借溫伯雪子與孔子相互交談的一則寓言，提出了莊子學派對儒家「明乎禮義而陋於知人心」的評語。這不僅反映了道家眼中儒家學說的擅長和缺點，也道出了道德心與審美心在內涵上的差異。

5.《莊子》的內七篇雖然各自獨立成篇，卻有一個整體性的關聯。例如道德之旨、有無之境、虛明之心的主題貫穿於各篇之間，成為其中心思想，而心論——心神與心思作用——的闡發，尤屬內篇之核心觀念。

學家。當我理解〈逍遙遊〉之自由主題的同時，也就曾留意到篇末一句「安所困苦哉」透露出的莊子那個時代生存環境的訊息。篇末一段話莊子藉「狸狌」的跳躍，暗寫當時知識分子的遭遇，生動地描寫了知識分子的言行活動，終於導致「中於機辟，死於罔罟」的悲慘結局。這使我對先賢同道們在政治環境的壓力下，渴望思想自由、廣開言論的結局感同身受。所以，我一直能體會莊子的「逍遙」並非在空想的高塔上乘涼，他的「逍遙」可說是寄沉痛於悠閒，其生命底層的憤激之情其實是波濤洶湧的。

近年來，每次重讀〈逍遙遊〉，就會想到更多的一些問題。我看到許多自以為或被視為「民主」的國度，在政治的活動空間或法律條文上，雖賦予人們相當程度的自由，但是精神病患者卻與日俱增。這種情景，使得我對〈逍遙遊〉篇旨從思想自由上進行解讀的同時，也留意它在精神上「自得」、「自適」的內涵。這樣，我們用「自由」、「自在」來釋「逍遙」義[6]就會全面些。

「逍遙」為「遊」之寫狀，「遊」乃主體「自得」、「自適」之心境，[7]本篇主題可以用「遊心」來概括——「若夫乘天地之正，而御六氣之辯，以遊無窮者」。「以遊無窮」即是「遊心於無窮」（〈則陽〉），莊子運用浪漫主義的文風描繪心靈遊放於無所羈繫的天地境界。下面我以鯤鵬寓言為例，分析有關莊子心學的一個面向。

（二）鯤化鵬飛寓言所隱含的多重意涵

如果說柏拉圖的哲學歸屬於想像哲學，而亞里斯多德的哲學歸屬於概念哲學的話，那麼我們也可以說，老子的哲學歸屬於概念哲學，而莊子的哲學則歸屬於想像哲

6. 「逍遙」一詞，最早見於《詩經．鄭風．清人》「河上乎逍遙」，蘊含安閒自得之情狀。《楚辭》中「逍遙」一詞多見，如《離騷》「聊浮遊以逍遙」、〈遠遊〉「聊仿佯而逍遙兮」等等，當晚於莊子。而「自由自在」已成為今日流行語詞。一般人多以為「自在」來自於佛教，而「自由」則由現代西方傳入，實則古已有之，「自由」謂依己意行事，不受限制，《禮記．少儀》「請見不請退」，東漢鄭玄注：「去止，不敢自由。」「自在」較早見於《漢書．王嘉傳》：「大臣舉錯，恣心自在。」

7. 「自得」、「自適」屢見於《莊子》，如「自適」見於〈駢拇〉，「自得」屢見於〈駢拇〉、〈在宥〉、〈天地〉、〈天運〉、〈秋水〉、〈讓王〉等篇。

學。莊子開篇所展示的「鯤鵬展翅」的寓言，無疑是一則想像哲學中具有典範性的題材。它是如此誇張地呈現在世人的眼前：

北冥有魚，其名為鯤。鯤之大，不知其幾千里也。化而為鳥，其名為鵬。鵬之背，不知其幾千里也；怒而飛，其翼若垂天之雲。是鳥也，海運則將徙於南冥。南冥者，天池也。

這則深富人生哲理的寓言，不同的人讀後會做不同的解讀；即使同一個人在不同時期、不同心境下閱讀，也會產生不同的體驗和理解。我從如下幾個方面談談個人解讀的方向。

1. 人生的動態歷程

早先讀鯤鵬寓言時，我常把它和尼采《查拉圖斯特拉如是說》（*Also sprach*

Zarathustra）第一卷首章「精神三變」聯繫起來。「精神三變」意味人生經歷三種形變和質變：最初是駱駝精神，堅忍負重、奔向荒漠；而後轉變為獅子精神，向不合理的傳統和現實說「否」（No）；但抗擊舊價值包袱的獅子精神不足以創新，所以精神還得轉換而為嬰兒。嬰兒精神代表著創造新價值的開端。[8] 而莊子運用擬人化的藝術手法創造鯤化鵬飛的寓言，意味著人生的歷程如鯤之深蓄厚養，待時而動，轉化為鵬，鵬待勢而起，以施展其凌雲之志。

我讀《莊子》總是欣賞他的「放」，而每次講莊子總不自覺地散發出他那「放」的精神。[9] 但在「放」與「收」之間，道家的駱駝精神——老子的「深根固柢」、莊

8. 老子的「反」（「返」）、「復」，和莊子的「終則有始」，蘊含著再始更生和更生再始的意義，和尼采創造新價值的嬰兒精神相通。

9. 至於尼采的「獅子精神」，則在《莊子》外雜篇中隨處可見，這和時代思潮的走向有關。儒學倫理工具價值的弊端越來越昭彰，遂引發莊子學派眾多思想敏銳的弟子門人「萬竅怒呺」。而莊書中尼采式的「獅子精神」所流露的「價值重估」的呼聲，也是莊學長期使我激盪不已的原因。

子的「深根寧極」——同樣使我銘記在心。

2. 工夫通向境界的進程

為欲突破世人拘泥於物質形相而囿於小知小見，莊子於是運用豐富的想像力構繪出這則驚世駭俗的鯤鵬寓言，誠如明代戲曲家湯顯祖所說，「奇物是拓人胸臆，起人精神」（《續虞初志》評語）。

鯤鵬寓言由鯤之潛藏而至鵬之高飛，復喻示著人的心靈由沉積而高舉，[10]此中亦蘊含著莊學的修養工夫[11]而通向境界的進程。

「欲窮千里目，更上一層樓」，人生高遠的境界，並非一蹴而就，需要拾階而上，層層攀登。老子曾說：「九層的高台，是從一筐筐的泥土累積起來的；千里遙遠的路程，是從腳下邁步走出來的。」（《老子》六十四章：「九層之台，起於累土；千里之行，始於足下。」）遠大的事業，需要毅力和耐心一點一滴地累積出來。[12]莊子筆下鯤化鵬飛的過程中，首要強調積厚之功，其後文說：「夫水之積也不厚，則其負大舟也無力……風之積也不厚，則其負大翼也無力。」行文中，「化」、「怒」（「努」）、「海運」、「積厚」等關鍵語詞，無不蘊含著鯤化鵬飛需要具備主客觀條件：海水深厚，才能畜養巨鯤；海風強勁，才能運送大鵬——這是所需的客觀條件。鯤的潛藏海底，[13]深畜厚養，乃能「化而為鵬」，鯤的變化（「化」）需要經年累月的養育之功，乃能由量變到質變——「積厚」的工夫是完成生命氣質變化的充分而必要的主觀條件。

人生境界的高遠，還得在不同的階段中，創造有利的主客觀條件。化而為鳥之後

10. 這裡也使我想起尼采的話：「如果要觀察萬物的表層和深層，你必須要超越自己而攀登——向上，向上，直達群星都在你的腳下。」（《查拉圖斯特拉如是說》第三卷第一章）

11. 「工夫」這個概念，在中國哲學中儒釋道都共同使用。但是，此概念最早是出現於晉代道家葛洪的《抱朴子．遐覽》中：「藝文不貴，徒消工夫。」

12. 正如胡林翼所說：「辦大事，以集才、集氣、集勢為要。」（馬其昶《莊子故》引）

13. 莊子以鯤之潛藏海隱喻人生過程中扎根的重要性。這裡再度使我想起尼采《查拉圖斯特拉如是說》中「漫遊者」的話：「最高的山從何處來？我曾反問。後來，我知道它是來自海底。這證據已刻在它的岩石和絕壁上。最高的峰頂來自於最深的谷底。」「現在你正通往偉大的路途！峰頂與深谷——它們已經合而為一了。」

的鵬，不僅要待時而動，乘勢而起，更要奮翼高舉——「怒而飛」，這正是不懈地激發主體潛力、主觀能量的最佳寫照。

鯤化鵬飛的寓言，蘊含著由工夫到境界的進程。工夫論（修養論）和境界說是中國哲學的一大特點。以孟、莊為代表的儒道兩家，皆專注於主體修心、養性、持志、養氣的工夫實踐。但在工夫修為上，孟子所呈現的倫理特色與莊子所呈現的藝術精神，正反映出儒道兩者在「道德境界」與「天地境界」的不同。[14]

王先謙《莊子集解》曰：「無所待而遊於無窮，方是〈逍遙遊〉一篇綱要。」鯤化鵬飛寓言之後，莊子有一段使用了論說方式來申述〈逍遙遊〉的主題思想，那就是從「知效一官」到「至人無己」這一段，由有所待寫到無所待而遊於無窮，其思路層層遞進，由有我之境達到無我之境：「故夫知效一官，行比一鄉，德合一君，而征一國者，其自視也亦若此矣。」「一官」、「一鄉」、「一君」、「一國」都是像學鳩一樣自得於一方的人。接著莊子藉由宋榮子破除名，再藉由列子破除功，來說明在社會中俗化的人總是有待於別人所給予的外在功名來裝飾自己，而至人是無心邀功、無意求名，能夠摒棄小我，突破世俗價值的羈囚桎梏，而經由體認宇宙的廣大，使自己的心思開廣，以與構成他的最高的美好的宇宙合而為一，而成為宇宙的公民。〈逍遙遊〉中由鵬程萬里所打開的視域「天之蒼蒼……其遠而無所至極邪」，就是至人「乘天地之正，而御六氣之辯，以遊無窮」的最高境界，也正是遨遊於無窮世界的宇宙公民的寫照。

3. 學鳩之「蓬心」與鯤鵬之「大心」的對比

「開放心靈與價值重估」是我早先論述〈逍遙遊〉篇的題目。[15] 簡言之，〈逍遙遊〉主旨便是以開放的心靈從宇宙規模去展現人生的意義。

〈逍遙遊〉起筆便拉開了一個廣闊無邊的世界：鯤鵬之巨大「不知其幾千里也」。

14. 取自馮友蘭之境界說。馮先生在《新原人》中提出人生的境界可分為四種：自然境界、功利境界、道德境界、天地境界。

15. 拙文〈逍遙遊的開放心靈與價值重估〉，刊於一九七二年《大陸雜誌》，並收入拙作《老莊新論》。

而「北冥」、「南冥」、「天池」更為廣漠無涯。俗話說：「海闊憑魚躍，天空任鳥飛。」莊子藉由變形之物打開了一個無邊無際的世界，開拓出極為寬廣的視野，誠如林雲銘《莊子因》所說，「『大』字是一篇之綱」。而形的巨大乃是用來襯托心的寬廣。後文「磅礡萬物以為一」正是描述至人的開放心靈、神人的廣闊心胸。「磅礡萬物以為一」出自「肩吾問於連叔」一段寓言。在這段對話式的寓言中，「心」字未及一見，卻筆觸所及，處處在暗寫心神的靈妙作用。肩吾與連叔問答中寫「藐姑射之山，有神人居焉，肌膚若冰雪，綽約若處子。不食五穀，吸風飲露。乘雲氣，御飛龍，而遊乎四海之外」。莊子運用浪漫主義超越現實的藝術手法，意在超越物質形相的拘束，以突破現實中的種種藩籬。

〈逍遙遊〉描繪神人的形象，卻意在寫心。如「其神凝」是在寫心神的專注；「乘雲氣，御飛龍，而遊乎四海之外」則是寫心思的自由奔放；「豈唯形骸有聾盲哉？夫知亦有之」則由形體的殘缺引出心智的殘缺，並藉由心智的盲者、精神的聾子，對比反差地描述另一種身心康泰的神人具有「磅礡萬物」的開闊心胸。

大鵬積厚圖南的高遠心志，卻引來俗世中自得於一方之人所譏笑，因而莊子補充一段蜩與學鳩的寓言，說明在人生的歷程中，長途跋涉者，需有豐厚的聚糧，[16]而蜩與學鳩根本無法理解小角落之外的大天地，故而莊子評論說：「之二蟲又何知。」

莊子善用對比反差的手法，由「大心」[17]的鯤鵬寓言引出「蓬心」的蜩與學鳩。學鳩式的「蓬心」以囿於一方的狹隘心靈來觀看問題，有如柏拉圖的「洞穴比喻」中所講的一群囚徒的洞穴之見，亦如培根（Francis Bacon）所講的四種需要破除的「偶像觀點」。

「小知不及大知，小年不及大年」一段，正是「讓人把胸襟識見擴充一步」。[18]接著莊子又做出「此小大之辯」的結語，指出境界有高低，彼此在價值判斷上亦有其懸

16. 如明代釋德清（憨山大師）所說：「其志漸遠，所養漸厚。」
17. 此處「大心」之詞，借用先秦稷下道家代表作《管子・內業》「大心而敢」一句。
18. 明代陳深《莊子品節》語。

殊。[19]

4. 多維視角與多重觀點

進入到莊子的世界，最讓我激賞的便是他那開放的心靈，開啟了遼闊的思想空間和適意的精神領域。近年來我又注意到觀點主義（Perspectivism）在莊子哲學中的意義。[20]開放的心靈才能開拓心的視野，接納多重觀點而不致由片面思考而囿於單邊主義的獨斷作風。以此，鯤鵬寓言啟發我們從不同視角來觀看問題。

〈逍遙遊〉一開始就突出兩種視角——「天地視角」和「人的視角」，正如王博在《莊子哲學》中所說：「飛，以及飛所代表的上升，正是〈逍遙遊〉的主題，這種飛可以讓我們暫時離開並且俯瞰這個世界，從而獲得與這個世界之中不同的另外一個角度。」[21]

的確，人在地平面觀看是一個視角和一個觀點，莊子藉地平面以下的海底之鯤觀看則是另一個視角和另一種觀點，而地平面以上的高空之鵬，又是另一個視角和另一種觀點。

這使我聯想起尼采在《查拉圖斯特拉如是說》第三卷「漫遊者」中的這些話：「我是一個漫遊者，登山者，我不喜歡平原，我似乎無法枯坐太久。」「現在你正走上這條偉大的路！峰頂與深谷——它們已經合而為一了。」「如果你沒有梯子，

---

19. 莊子原典的本義已十分清楚，而郭象竟解讀為「小鳥無羨於天地，而榮願有餘矣。故小大雖殊，逍遙一也」，「夫小大雖殊，而放於自得之場……逍遙一也，豈容勝負於其間哉！」郭象以「齊小大」的觀點解釋〈逍遙遊〉，全然扭曲了莊子的原意。郭注的曲解雖然出於他「物任其性，事稱其能，各當其分」的主張，但他那「小大一致」（語見王船山《莊子解》，郭象之誤讀亦為王船山所承續），不但嚴重地抹殺了莊子的境界哲學，也一舉消解了莊子的工夫進程。如同傅山解莊眉批：「明白說著大小之辯，還要說鵬與蜩與一般邪！」及《傅山手稿一束》所說：「讀過〈逍遙遊〉之人，自然是以大鵬自勉，斷斷不屑作蜩與學鳩為榆枋間快活。」（轉引自姜廣輝《走出理學——清代思想發展的內在理路》，遼寧教育出版社，一九九七年版，第二二三頁）

20. 不同視角得出不同觀點，稱為Perspectivism，大陸學者譯為視角主義，港台則譯為觀點主義。有關莊子與尼采的觀點主義，請參考劉昌元〈莊子的觀點主義〉（刊在《道家文化研究》第六輯，上海古籍出版社，一九九五年版）、《尼采》第四章〈觀點主義及其哲學後果〉（聯經出版公司，二〇〇四年版）。

21. 王博《莊子哲學》，北京大學出版社，二〇〇四年版，第一一三頁。

就必須學習如何攀上你自己的頭頂上。」「登上你自己的頭頂而且超越你自己的心！現在你身上最溫柔的部分必須化為最堅強的部分。」「一個人必須學會從自己遠望出去，才能看得更多：這種堅強的意志是每一個登山者所必備的。」

尼采「漫遊者」詩篇中的話語，和莊子鯤化鵬飛的寓言，有許多相通之處。其一，打破世俗平面視線的片面觀點。其二，為多角度觀察，必須離開你自己——離開你自己所習以為常的觀點（「**超越你自己的頭頂和你自己的心**」）；由鯤潛而鵬飛的歷程，正如尼采在《衝創意志》（*The Will to Power*）中所說的：「每一次人的提升都會帶來較狹隘觀點的克服，每一次意志力的增加都會開拓新的觀點，並意味著開啟新的視野。」其三，「峰頂與深谷——它們已經合而為一了。」這是尼采式的天人合一。而鯤化鵬飛，層層超升，突破種種藩籬，使人心思遨遊於無限寬廣的宇宙（「**遊於無窮者**」），這是莊子式的「獨與天地精神往來」的生命境界。

觀點主義為尼采所倡導，尼采在《道德的譜系》（*Zur Genealogie der Moral*）中說：「只存在一種帶有視角的觀察（a perspective seeing），只存在一種帶有觀點的認識（a perspective knowing）。而且，我們越是容許對一件事物表露出不同的情感，我們越能夠接納較多的眼光。用不同的眼睛去觀察同一件事物，於是我們對這件事物的『概念』、我們的『客觀性』就越加完整。」[22]

「使用較多的眼睛」、「不同的眼光」去觀看同一事物，這正如蘇東坡遊歷廬山時所寫下的一則不同視角產生多重觀點的詩句。[23]而莊子鯤鵬寓言所揭示出不同的視角，也正反映了莊學多重觀點的開闊視域。

22. 尼采《道德的譜系》第二章第十二節。在這段話的前面，尼采批評了西方傳統形上學臆設所謂「純粹理性」、「絕對精神」等概念。尼采反對傳統主觀主義者以單一觀點去論斷事物的獨斷論點，而提出多維視角多重觀點去觀察事物，由是而激發人的創造力與詮釋力。

23. 蘇東坡遊廬山作〈題西林壁〉（按：西林為佛寺名，在廬山西麓）：「橫看成嶺側成峰，遠近高低各不同。不識廬山真面目，只緣身在此山中。」這首著名的詩句，正可用來解讀〈逍遙遊〉所說的「小大之辨」。學鳩囿於一隅的「小知」，由於處境與自身視角的局限，當然難以認識宇宙之大全；「大知」則從不同視角觀看（遠、近、高、低等之不同觀點），以認識天地之多重面貌與情景。請參看劉昌元《尼采》第四章的精闢分析。

莊子藉著鵬的飛騰超越狹隘觀點，帶給人一種前所未見的新視野。

二、〈齊物論〉：「以明」與「道通」

（一）眾美匯聚而相互會通

〈逍遙遊〉與〈齊物論〉以自由與平等為主題，自古到今乃人類最為嚮往的一種情景和境界。

〈逍遙遊〉以寓言文學的體裁，藉由各種物形的巨大，以襯托人心的寬廣；藉大鵬之高舉，寫開放心靈所開啟的新視域；並藉神人「磅礴萬物」的廣大格局，寫至人遊心於無窮的精神境界。而〈齊物論〉則以哲學論文的形式，寫人間思想言論的活動，以及彼此之間如何相尊相蘊、相互會通。

〈齊物論〉蘊含「齊物」之論與平齊「物論」兩方面的重要內容。「物論」有大小、歧出、疏散等特徵；萬物殊異，「不一其能，不同其事」（〈至樂〉），自然會流露出多樣性的景觀。「齊物」之「齊」則含有平等、同通、共識、統一、整全等意涵。萬物作為「殊相」所呈現的眾美景象雖千差萬別，卻可相互會通，並以平等觀之。故「齊物」則眾美匯聚而共成一天。

（二）「相尊相蘊」的齊物精神

〈齊物論〉中議題眾多，主題則是「齊物」之論與齊「物論」，這兩條主線在篇中交叉出現：①萬物平等觀。在萬物同根同源的宇宙論基礎上，[24]莊子提出他的「物化」說和「天地與我並生，而萬物與我為一」的齊同境界。莊子的齊物精神，看待生

24. 在宇宙生成論上，莊子首創氣化論，認為人類萬物均同根同源於「一氣」（〈知北遊〉「通天下一氣耳」、〈大宗師〉「遊乎天地之一氣」）。

存於天地之間的各色人等所創造的民族文化及其生活方式，各具特色，平等視之。②物論齊同說。對於人物之論（「物論」），莊子從正反兩面進行論述，即從正面而肯定開放心靈、開闊心胸所發出的言論，並從負面批評封閉心靈、狹隘心胸所發出的成見。這裡先論齊物精神，下一節再說物論的心境。

萬物平等觀可說是〈齊物論〉的主體精神。這種萬物平等的精神在〈齊物論〉篇中做了三個方面的陳述。

其一，「物固有所然，物固有所可」。

〈齊物論〉開篇由正反面接連談人物之論，至「天地一指也，萬物一馬也」轉入論「齊物」。「道行之而成」一段，曰：「物固有所然，物固有所可。無物不然，無物不可。」這幾句話言簡意賅地突出了齊物的精神。「物固有所然，物固有所可」即是肯定各物都有其存在的理由及其獨特的價值。在這種情況下，莊子所說的「齊物」是不齊之齊，齊與不齊需要辯證地來看。莊子比先秦各家都重視個體的殊異性，〈則陽〉篇還提出「萬物殊理」的重要命題——意即每個東西都有其特殊的生成樣態及運行法則。然而，個殊之間是否形成互不相涉的孤立存在？個殊之間如何會通？莊子進一步指出，個別的存在在宇宙的整全裡面可以得到相互會通，所謂「舉莛與楹，厲與西施，恢恑憰怪，道通為一」。這是說各物雖然千差萬別，但在「道」的世界裡，卻可以相互會通。這裡一方面肯定了各物的殊異性，另一方面又從同一性與共通性的角度，將個殊通向整全，在「道」的整全世界裡打通了萬有存在的隔閡。

其二，「道通為一而寓諸庸」。

繼「恢恑憰怪，道通為一」之後，接著一段說：「唯達者知通為一，為是不用而寓諸庸。」前者是由殊相說到共相，後者是由共相說到殊相。前者由肯定千姿百態之殊相的同時，說到在共相中眾星閃耀而共會一天；後者再由存在大全之共相中，強調任由殊異性之萬有盡己所能，發揮各自的作用。統言之，莊子意在申論殊相與共相之相互涵攝性。落實到現實世界，此處藉通達之士瞭解「道」的世界裡同通的精神和變通、互通的精神（「唯達者知通爲一」），並進而論述各色人等發揮殊異的智能才性。「寓諸庸」——寄寓於各物的功用上——也正是對「萬竅怒呺」、「吹萬不同」的意義的肯定。

其三，「相尊相蘊」的和諧精神。長梧子與瞿鵲子的對話中談到：「以隸相尊……萬物盡然，而以是相蘊。」這是說，將卑賤的和尊貴的等同看待，萬物都歸於一體，而相互含蘊在大全的世界中。我把這段原文用「相尊相蘊」這一命題來表述。「相尊相蘊」正是齊物精神的體現，它意味著每一個個體的存在樣態雖然不同，但都可以互相包容。在道的宇宙大全的王國中，每一個人都可以發揮各自的功能，彼此在社群裡面也能相互尊重；這齊物精神境界，要有開闊的心胸才能達到。

以上論述說明，從道的整全觀來看，個體之間彼此可以相互蘊含，並且，個體之間交互構成了一個和諧的整體。下面論述物論之齊同和「以明」、虛心的關聯。

（三）物論之齊同與「以明」之心

1. 虛明之心境——「吹萬不同」

〈齊物論〉無論齊物或物論，其主題都和心境有關。而「物論」——人物之論，核心議題便是「心」。開篇首段主旨，便在「形」、「心」對立及其合一的身體觀中，突出「心」的作用。

①隱机而坐——「吾喪我」的境界

南郭子綦隱机而坐的寓言，道出由工夫到境界的進路。跟庖丁解牛（〈養生主〉）、佝僂承蜩（〈達生〉）一類寓言相似，這裡藉隱机而坐透露出修煉工夫的幾個歷程：其一，為修煉的時間歷程（如謂由「昔」至「今」的歷程，所謂「今之隱机者，非昔之隱机者也」）；其二，為身體運作的歷程（如謂肢體在鍛鍊中的保持穩定性，所謂「形固可使如槁木」）；其三，為精神的凝聚作用（如謂心神在鍛鍊中的專一狀態，所謂「心固可使如死灰乎」）。在修煉工夫的過程中，心神的作用最為緊要，放鬆（「荅焉」）、專注、靜定，才能使心境層層提升，達於「吾喪我」的精神境界。

「吾喪我」即是由破除偏執成心的小我（「喪我」），而呈現「萬物與我為一」的大我（「吾」）之精神境界。

②三籟和唱——「眾竅為虛」

「隱机而坐」而達於「吾喪我」的境界，關鍵即在於「心」上做工夫——下文描繪地籟「眾竅為虛」，正是心境虛明的寫照。

南郭子綦由坐忘工夫呈現「吾喪我」境界，接著轉筆到「三籟」，拉開了一幅美妙的畫面，描繪了天地人互奏一曲動人樂章的情景。「三籟」的議題中，雖然實寫地籟，而虛寫天籟與人籟，事實上，只是形象化地用以比喻人心所發出的音響。

三籟一節，真是千古奇文。看地籟一段，一放一收之間，寫「萬竅怒呺」，猶如萬馬奔騰，不可收拾；忽而筆鋒轉出「眾竅為虛」，猶如秋空寒月，萬籟俱寂。我們且從文學欣賞轉到哲學思考：「眾竅為虛」，與後文「莫若以明」相對應，形象地描寫了虛明的人心。虛靈明覺的人心（「衆竅爲虛」），對發出的言論慧見，雖參差不齊（「吹萬不同」），卻有如聆聽天地間發出的自然聲響一般，交織會通而成一首和諧的交響曲。

2.「言非吹也」——「成心」與「以明」的對比

莊子對於人心的作用有著深刻的洞察。在〈齊物論〉中，他總是以交叉論述的方式，透過對比反差的手法，以辯證的眼光分別描寫認知心在正面和負面的作用。首先，莊子以「大知閑閑，小知間間」[25]來說明世俗的人以「成心」的作用，在學派的競爭中，在「日以心鬥」的過程中，將自身的生命陷溺於「是其所非而非其所是」的言論爭鬥，而以師心自用，將自己和他人的世界割裂開來，而造成人與人之間的隔閡與斷裂。接著，莊子由「成心」說到「小成」，再說到「莫若以明」，也就是要人去除成見，摒棄私意，透過虛靜的工夫，使心靈達到空明之境——這「以明」之心能無所偏執地觀照外在的實況。

前文所述的「眾竅為虛」，就是形象化地描寫「以明」的虛明心。擁有這種開放

25. 此處「大知」、「小知」乃是就認知心的作用，描寫無論知識廣博或細別者，因出於「成心」，兩者恆處於「日以心鬥」相互排斥的是非漩渦中；〈逍遙遊〉中的「大知」、「小知」則是用來描寫鵬鳥與學鳩在生命境界上的高低。兩者語境不同。

的心靈，萬物之間就能夠相互觀照而互為主體。虛明的心境即是以「照之於天」去認識宇宙中的所有事物，這種不帶有主觀性的認識，能撤除「成心」所構作的主觀成見，而直接以開放的心靈去照見事物的本真情狀，正如宗白華在《美學散步》中所說，「如實地反映多彩的世界」。

3.「十日並出」——開放心靈的寫照

儒家主張「天無二日」（《禮記．曾子問》），而莊子則創造「十日並出」的寓言。〈齊物論〉在堯問舜的故事中，寫出封閉的心靈與開放的心靈之不同。「存乎蓬艾之間，若不釋然」，說明封閉的心靈缺乏受容性，而「十日並出，萬物皆照」即是開放心靈的寫照。

人間言論呈現百家爭鳴的景象，歸因於開放心胸的激發。莊子對於人物之論崛起及百家齊放的景況，做了如上多層的論述。統言之，首節「萬竅怒呺」寫虛靈明覺的人心（「眾竅爲虛」），在思想界開創出多元並起、異聲而和的繁盛局面。此節意在寫廣大的心胸所激發出的創造能量。接著，莊子又運用對比的手法，一面舉儒墨之辯為例，沉痛地指陳狹隘心胸之流於武斷排他（「以是其所非而非其所是」）而形成單一的世界。同時，在「成心」之單邊思考的對比中，莊子再度強調開放心靈才能如實地反映多彩的世界、認知事物實然的狀態（「照之於天」）。此節莊子從認知角度出發，抒寫認知心之探索客觀世界真相的作用。第三個事例說到「十日並出，萬物皆照」，而沉德之進乎日者乎」，隱含性地意味內聖之道——「以明」之心——可以開創出萬民受惠的外王之道的成果。

在〈齊物論〉的篇末，莊子創造了「罔兩問景」這一令人費解的寓言，影子的回答全以疑問的口氣，意味著似有所待，實無所待。學界不解寓言的意旨，而往往以郭象的「天機自爾」、「天機自張」的觀點來作為解釋，實則莊子乃是以宇宙整體觀的思維，說明宇宙間一切存在都有其內在的聯繫，在相互關聯中，共同構成一個有機的整體。

在這種萬物相互蘊含的宇宙整體觀中，我們才能夠瞭解莊周與蝴蝶在宇宙大化流行中的流變性（「物化」）。莊子或蝴蝶作為個體生命的顯現（「分」），雖在有限的時空中，但卻能保持「自喻適志」的心境，才有助於我們以審美的眼光，欣賞莊周達觀的人生態度。

三、〈養生主〉：由技入道的藝術活動

（一）道藝之境與心神活動

〈養生主〉以護養生命的主宰作為篇名，而生命的主宰在於心神。古人認為「心」是主宰人身的思維器官（如《孟子．告子》說「心之官則思」、《管子．心術上》說「心之在體，君之位也。九竅之有職，官之分也」），《莊子》內篇論述心的思維功能之外，更闡揚心的神妙作用。如前所述，〈齊物論〉論及「成心」和「以明」之心，當屬心思的作用；而〈逍遙遊〉所突出的「遊」和〈養生主〉著重的「神」，則屬心神的作

用。〈養生主〉篇末云：「指窮於為薪，火傳也，不知其盡也。」這裡，莊子以「燭薪」比喻人的「形體」，以「火」比喻人的精神，喻指形體和燭薪有時而盡，但人的思想生命和精神生命卻得以傳承延續。

〈養生主〉篇中，莊子特意強調生命中心神的重要性。他用了一個生動的譬喻，寫沼澤裡的野雞，走十步才能啄到一口食，走百步才能喝到一口水，但它並不願意讓人關在籠子裡畜養。莊子用「澤雉」來類比人嚮往精神自由。〈養生主〉的主題彰顯人的心神作用，「庖丁解牛」的寓言也提到了高超的技藝中心神的巧妙運作。

「庖丁解牛」和「鯤化鵬飛」、「莊周夢蝶」都已成為《莊子》內篇中家喻戶曉的寓言。現在讓我們來解讀庖丁解牛這寓言的豐富意涵。

「庖丁解牛」從宰牛之方喻養生之理，由養生之理喻處世之道。[26]而這寓言尤引

26. 請參看拙著《老莊新論》修訂本第二部分莊子文集〈內篇詮釋．養生主：精神生命的闡揚〉（北京商務印書館，二〇〇八年版）。

人注意的是它由技入道所蘊含的哲學和藝術的意涵。由技藝而呈現道境的學說，屢見於《莊》書。如〈達生〉篇中「佝僂承蜩」、「津人操舟」、「梓慶為鐻」及〈知北遊〉中「大馬之捶鉤者」等寓言，皆倡導由技入道的哲理。我們以庖丁解牛為範例，輔以同類型寓言來解讀莊子在哲學史上首創的道與技藝關係的學說之意涵。以下即據文本依序解析：

庖丁為文惠君解牛，手之所觸，肩之所倚，足之所履，膝之所踦，砉然嚮然，奏刀騞然，莫不中音。合於桑林之舞，乃中經首之會。文惠君曰：「嘻，善哉！技蓋至此乎！」庖丁釋刀對曰：「臣之所好者道也，進乎技矣。始臣之解牛之時，所見無非全牛者；三年之後，未嘗見全牛也。方今之時，臣以神遇而不以目視，官知止而神欲行。依乎天理，批大郤，導大窾，因其固然，技經肯綮之未嘗微礙，而況大軱乎！良庖歲更刀，割也；族庖月更刀，折也。今臣之刀十九年矣，所解數千牛矣，而刀刃若新發於硎。彼節者有間，而刀刃者無厚；以無厚入有間，恢恢乎其於遊刃必有餘地矣。是以十九年而刀刃若新發於硎。雖然，每至於族，吾見其難為，怵然為戒，視為止，行為遲。動刀甚微，謋然已解，如土委地。提刀而立，為之四顧，為之躊躇滿志，善刀而藏之。」

庖丁解牛的動作構成如此生動的畫面，「合於桑林之舞，乃中經首之會」。庖丁舉手投足之間皆能合拍於雅樂的美妙樂音，並表演出優雅動人的舞姿。這藝術形象流露出一種令人讚賞不已的審美意趣，也構繪出主體技藝之出神入化於揮灑自如的自由境界。

（二）由技入道的歷程

庖丁由技藝而臻於道境，為道家由工夫到境界開闢一條新路。下面我們來解析莊子陳說由技入道進程的諸多特點。

1. 學習技藝的時間歷程

庖丁的技藝能達到如此神奇的地步，乃是因為他不間斷地操練工夫，經歷了初學時（「始臣之解牛之時」）、「三年之後」、「十九年矣」的長期實踐累積的過程，才越來越體認到其中的奧妙——掌握到牛體的身體結構、筋絡的理路、骨節間的空穴，如是依著自然的紋理（「依乎天理」），順著本然的結構（「因其固然」），「遊刃有餘」地進行運刀動作。這好比「佝僂承蜩」故事描述駝背老人黏蟬習藝的過程：初學時在竿頭上累疊兩個彈丸，經五六個月的訓練之後累疊三個彈丸，再經若干日月的練習而累疊五個彈丸。這都說明練藝過程中操作的持續性。

2. 藝能專精的磨練過程

學藝時日越久則技能越專精，這要在持之以恆，用莊子的特殊術語——「有守」。「梓慶為鐻」的寓言中提出了「巧專」的概念，「大馬之捶鉤者」年高八十而打造帶鉤分毫不差，問他是手巧呢，還是有道術，他回說，我「有守」。庖丁的由技入道，正是技巧專一、藝能專精，志於道而有所持守之故。莊子筆下藝人之「巧專」而「有守」，對於學術研究者有很大的啟發。「博」與「約」之間是可以互補的，但博而不約常流於浮談無根；要學有專長則需博而後約，「巧專」與「有守」是為「守約」之道。

由技入道的過程中，主體的身體運作與心神投入是最為關鍵的因素。

3. 由形入神的操練歷程

「由形入神」而「神以統形」是由老到莊的一個重要發展。在形神關係上，莊子也認識到「其形化，其心與之然」（〈齊物論〉），因而在身心的修養上提出「形全精復」（〈達生〉）、「守形抱神」（〈在宥〉）的主張。但在由技入道的過程上，莊子則「由形入神」而突出強調「神以統形」。由於莊子慣於使用浪漫主義的誇張手法，常使人誤以為在技藝操作時只靠心神活動而無需肢體運作工夫，如庖丁解牛時，「以神遇而不以目視，官知止而神欲行」，事實上神行的自如乃是對官能的作用（「目視」、「官知」）長期體驗得來的。因此，欲得其「神」，必須入其「形」。[27]也就是說，在技藝鍛鍊的過程中，必須以肢體的訓練作為基礎，才能達到心神的靈妙運作，如莊子對於庖丁在操刀過程中的細膩描述：「手之所觸，肩之所倚，足之所履，膝之所踦。」其中，肢體的各部分都以精準無誤的配合構成一個協調無間的純熟動作，以此種肢體的純熟配合，庖丁在解牛之時才有可能體現出「合於桑林之舞」的美妙姿態。這種舞姿可說是經過重重習練的淬鍊而得。可見，「形」與「心」在藝術活動的創作轉化中，有著密不可分的關係。為了達到心神運作的靈妙，肢體必須在漫長的過程中，經過實質的技藝操作，方能昇華為「遊刃有餘」的藝術活動。

4. 神以統形的藝演過程

在庖丁的操刀過程中，帶領著肢體做出配合無間的藝演，「神」、「形」和合才能展現為靈妙的道境以及出神入化的藝術活動。然而，庖丁臻至道境的操刀過程中，是以「神遇」、「神行」為主導。

結合〈達生〉篇有關寓言及論述來看，在技藝專精的操演過程中，心神活動有著守氣、靜心、凝神等特色。

①守氣

在《莊子》的身體觀中，〈達生〉篇有著較完整的論述。〈達生〉開篇便強調精、氣、神的重要作用。[28]首章藉關尹和列子的對話，闡述養神必先養氣的道理，並提到至人持守純氣的工夫（「純氣之守」）。在「梓慶為鐻」這由技入道的寓言中，莊子特別提出守「氣」、「靜心」的心神作用（「未嘗敢以耗氣也，必齊以靜心」）。

②靜心

「梓慶為鐻」的寓言中，對「靜心」的工夫有具體的陳述：「齋三日，而不敢懷慶賞爵祿；齋五日，不敢懷非譽巧拙；齋七日，輒然忘吾有四枝形體也。」〈達生〉「齋

27. 參見成復旺《神與物遊》，中國人民大學出版社，一九八九年版，第四二頁。
28. 林雲銘《莊子因》說：「此篇中大旨發內篇〈養生主〉所未備，闡出精、氣、神三寶妙用。」

以靜心」，像是對〈人間世〉「心齋」做出形象化的描述。兩者都是要人從實用中跳脫出來，進而培養一外超功利的藝術心境。所謂「輒然忘形」是形容靜定工夫使身體達到不動心的境地。而〈達生〉另一則寓言「佝僂承蜩」對於技術操練中的身心活動寫得更為分明：它先寫運身的沉穩，執臂的靜定，再寫用心的專一、精神的凝聚（「用志不分，乃凝於神」）。

③凝神

「佝僂承蜩」寓言，總結駝背老人能有如此之高妙技藝，要在心志專一達於「凝神」之境所致。庖丁解牛時，「以神遇而不以目視」，「怵然為戒，視為止，行為遲」，正是對他凝神專注的寫照。此外，〈知北遊〉寫「大馬之捶鉤者」「年二十而好捶鉤，於物無視也，非鉤無察也。是用之者，假不用者也」，也是強調技藝創作過程中心無旁騖、心神專一所產生的重要作用。

（三）藝術精神體認道境

想像力和美感是莊子創作運思的重要因素。在多項由技入道的寓言作品中，庖丁解牛的構想尤為出奇。宰牛原本是一項勞動強度極大的苦役，莊子筆下卻「恢恢乎其於遊刃必有餘地」，洋溢著審美趣味。解牛告成，庖丁「提刀而立，為之四顧，為之躊躇滿志」，真是淋漓盡致地描繪出藝術創作者審美享受的陶然心境。

誠然，莊子由技入道的寓言，將人間活動提升到藝術的境界。蘇東坡讀了庖丁解牛，體悟到藝術創作和經驗累積的關係，從而說出了這樣富有哲理的話：「出新意於法度之中，寄妙理於豪放之外，所謂『遊刃有餘地』、『運斤成風』也。」

庖丁解牛等由技入道的寓言，不僅在美學藝術上留下一筆珍貴的思想資源，也在文學哲學領域中開闢了一道幽揚的思路。就哲學角度而言，「由技入道」的寓言涵攝道與藝的關係問題，以及「為學」通向「為道」歷程的議題、創作主體與客體的對立與融合過程等問題，這裡因篇幅所限，僅略說前者。

在中國哲學史上，作為萬物本源與本根的「道」為老子首創。莊子繼承之，將老子「玄之又玄」的道，周遍化而普在於萬物，[29]並將老子高遠的道落實到人心，轉化而為主體生命境界。

莊子在繼承老子形上之道的同時，便認為無形之道可以心傳之、心得之。[30]在〈大宗師〉心傳道境的提法下，莊子便在〈養生主〉、〈達生〉等各篇形象化地通過主體技能所呈現的藝術精神來體認道的境界了。[31]

莊子的「道」大致可分理論上和實踐上兩個方向來理解，一是從抽象概念思考來描述道體的側面，一是從人生體驗來捉摸道相所呈現的意境。[32]

而宗白華先生在《美學散步》中則說：「燦爛的『藝』，賦予道以形象與生命。道給予『藝』以深度和美感。」這些慧見，都是對莊子道、藝關係的最精闢解說。

29. 〈知北遊〉載東郭子問道在哪裡，莊子曰：「無所不在。」還說：「無乎逃物……周遍咸三者，異名同實。」

30. 〈大宗師〉：「夫道，有情有信，無為無形；可傳而不可受，可得而不可見。」此處說道雖不可口授，但可以心傳；雖不可目見，但可以心得。道之「可傳」、「可得」，這是戰國道家的一種新的提法。心傳道境之說請參看拙文〈道家的人文精神〉（載《道家文化研究》第二十二輯，生活．讀書．新知三聯書店，二〇〇七年版）。

31. 徐復觀先生指出：「老莊所建立的最高概念是『道』；他們的目的，是要在精神上與道為一體，亦即是所謂『體道』，因而形成『道的人生觀』。」（《中國藝術精神》，學生書局，一九七六年版，第四八頁）

32. 徐復觀先生說：「當莊子從觀念上去描述，他討論它，而我們也只從觀念上去加以把握時，這道便是思辨地形而上的性格。但當莊子把它當作人生體驗而加以陳述，我們應對於這種人生體驗而得到了悟時，這便是徹頭徹尾的藝術精神。」（《中國藝術精神》，第五〇頁）徐復觀先生指出：「莊子的道，從抽象去把握時，是哲學的、思辨的。從具象去把握時，是藝術的、生活的。」（同上，第二四一頁）庖丁解牛「由技入道」乃屬於後者。徐復觀先生在《中國藝術精神》指出，在莊子道的人生觀的觀照下，通過技藝的工夫所體驗的道，實際是一種「最高的藝術精神」，徐先生並明確地指陳：「道的本質是藝術精神」，「是藝術得以成立的最後根據」（同上，第五一頁）。

四、〈德充符〉：主體的審美心境

（一）形體醜而心靈美

〈養生主〉「庖丁解牛」寓言作為一種藝術活動的特色，說明創作主體通過「為學」的積累，最終創作過程中體現出「為道」的藝術境界。而〈德充符〉則是以浪漫主義的筆法，描繪如「王駘」、「哀駘它」等形體殘缺者，在醜怪形象之下，其內在生命卻能顯現出生意盎然的審美心境，流露出感人至深的精神力量。莊子對於形體醜的描寫，乃是為了襯托出心靈之美，這使我想起了蘇東坡的詩句：「粗繒大布裹生涯，腹有詩書氣自華。」

內在生命圓滿充實的人，即使其外形是「惡駭天下」，也不會遮掩其人格之美，這體現出莊子對於內心涵養的崇高追求。而這種內在生命的圓滿的修養境界，莊子稱之為「德」。

〈德充符〉主旨在於闡揚具有豐富生命內涵的有德者。莊子所指稱的「德」，由倫理性的意義提升到世界觀的意義。[33]〈德充符〉篇中所描繪的理想人物，為懷抱審美心胸而體現宇宙精神的人。[34]本篇分六個章節，從各個面向闡發忘形重德者的人格型態與思想風貌。首章寫兀者王駘，具有統一的世界觀，「物視其所一」——把萬物看成一個不可分割的整體。第二章寫兀者申徒嘉，是一個「遊於形骸之內」的士人。第三章寫兀者叔山無趾，視生死相連，可與不可相通（「以死生爲一條，以可不可爲一貫者」）。第四章寫貌醜的哀駘它，「才全而德不形」。第五章寫兩位外貌奇異的人，「德有所長而形有所忘」。最後一章寫惠子與莊子討論「無情」的含義：「不以好惡內傷其身」。綜合各章意旨看來，〈德充符〉全篇神貴於形的主題思想是很明確的。

33. 「德」在商代卜辭中已出現，西周時代已普遍使用而成為重要的倫理學概念（《尚書．周書》中屢見）。老子一方面保留傳統文化的意涵（如「上德若谷」、「報怨以德」等用詞），與孔子所用意義相同，但在哲學語詞上，將「德」轉化為萬物所以生存的內在根據。《莊子》所謂萬物得到道而生成（〈天地〉「物得以生謂之德」），正承此義。

34. 請參看拙文〈德充符：理想人物的審美心胸及宇宙精神〉，收於《老莊新論》。

莊子運用浪漫主義文風的誇張手法，以形體醜來突顯心靈美，是為中國美學史乃至世界美學史的第一人。本文以首章及第四章為例，論述莊子所闡發的審美心境。

（二）「遊心乎德之和」——審美主體遨遊於道德和諧的境界

〈德充符〉開篇運用對比反差手法描寫寓言人物王駘的身體殘缺與內在精神之完美。兀者王駘從事教學工作，他的弟子和孔子相若，他「立不教，坐不議」，行不言之教，而有潛移默化之功（「無形而心成」）。王駘的心靈活動有什麼獨特之處呢？在「其用心也獨若之何」這一議題上，莊子乃藉寓言中的重言人物仲尼描述王駘這位理想的道家人物，具有這樣獨特的人格魅力：「守宗」、「保始」而「遊心乎德之和」。——這是說王駘能掌握生命的主軸，把握事物的根源，因而他的心神能遨遊於道德的和諧境界（「遊心乎德之和」）。

關於「守宗」的話題是這麼說起的：死亡和生存是人生的大事，面對死生的大關，王駘卻能保持心靈獨立不倚，安於無所依恃而不跟隨外物變遷（「審乎無假而不與物遷」」），且能主宰事物的變化而持守生命的主軸（「命物之化而守其宗也」」）。

「守宗」也可以解釋為持守事物的樞紐。在「守宗」的原則下，莊子進一步從認識論立場提出，從不同視角看問題可以得出不同的觀點。因而，他說出了這樣的名言：「自其異者視之，肝膽楚越也；自其同者視之，萬物皆一也。」在莊子的多維視角中，他認可事物的差異性，也肯定事物的同一性。然而，在提到王駘的自身修養時，說到他的「用心」所在是「以其知得其心，以其心得其常心」，區別使用了「心」和「常心」的概念，隱含著殊相和共相兩種視角。「以其心得其常心」是由自我意識提升到普遍的心靈意識，[35]也就是由事物差異性的視角提升到同一性的視角。在後者的認知上，王駘拓展了他那開闊的思想視野：「物視其所一」。莊子認為萬物在根源上並沒有實質性的差別，所以在〈齊物論〉中說：「天地與我並生，而萬物與我為一。」在〈德

35. 採取曹礎基《莊子淺注》和馬恆君《莊子正宗》的觀點。

充符〉此處，莊子藉寓言人物王駘做了相似的表述：視宇宙萬物為統一的整體（「物視其所一」），同時主張把眾人種種的認識會通到大道的同一的境域之中（「一知之所知」）。具有這種世界觀的人，才能達到「遊心乎德之和」的境界。「遊心乎德之和」謂審美主體的心神遨遊於人生和諧之美的境界。

〈德充符〉「遊心乎德之和」是莊子藝術哲學中引人注意的語句。《莊子》內篇還從不同面向言及主體的審美活動。如〈人間世〉云「乘物以遊心」，這是一種以藝術精神入世的心態；〈應帝王〉云「遊心於淡」，這是在生活中保持超功利的美的鑑賞心態；而〈德充符〉此處，則將審美主體提升到完滿的和諧之美人生境界。

（三）「與物為春」的審美意境

在〈德充符〉中，莊子以更為誇張手法構畫了另一個寓言人物哀駘它，其人相貌奇醜，卻有無比的人格魅力。他「未言而信，無功而親」，男女老少都願意親近他，正因為他所散發出的精神力量。在形神關係中，這裡再度突出精神生命的重要性（「愛使其形者」）。而哀駘它之所以具有豐美的人格內涵，因為他是個「才全而德不形」的人。

要做到「才全而德不形」，即實現才性的保全和德的不外露，關鍵處還在於心的修養。言及心的作用，莊子創造了一個新的概念「靈府」，進而闡述了「靈府」的審美活動。原文言簡意賅地分別說「何謂才全」、「何謂德不形」。

所謂「才全」，談到人生的旅程中，總會遭遇到種種的變故和價值的糾結（比如死生存亡，窮達富貴，賢愚毀譽，饑渴寒暑），這都是事物的變化，運命的流行。生命中的種種際遇，有的糾結，可以經由主觀的努力而獲得改善；有的變故，則人力所無可奈何！最重要的還在於不能讓它們擾亂自己平和的心境。

有關「才全」的談話，有兩個論點值得我們留意：其一是它有關「才」的議題的出現；其二是「靈府」的審美意趣。「才全」是討論如何保全才性或才質的問題。「才」是戰國諸子爭鳴的一個議題，由才性的議題也可以看出孟子和莊子的思路異同。孟子將才、性混合使用，如《孟子·告子》：「富歲，子弟多賴；凶歲，子弟多暴，非天之降『才』爾殊也，其所以陷溺其『心』者然也。」孟子所說「才」和「心」都屬倫理性概念，而莊子此處言「才」歸結到「心」則賦予審美意蘊。[36]

相比於孟子以道德心說才性，莊子則以審美心說才性，首先莊子以「靈府」來形容心靈之涵攝量之豐富，接著描述審美心境之平和安適而舒暢，云：「……靈府，使之和豫通而不失於兌；使日夜無郤，而與物為春，是接而生時於心者也。是之謂才全。」[37]我個人以為這是古典哲學中所保存的一段十分珍貴的美學思想素材，尤其是「與物為春」這一審美觀念。下面順文義依次加以解說。

①「使之和豫通而不失於兌」，這是談審美主體或藝術創作主體首先要培養心靈的安然自在，猶如〈田子方〉一則寓言寫畫家「解衣般礴」表露出藝術家的神采，宋代畫論家郭熙說：「莊子說畫史解衣般礴，此真得畫家之法，人須養得胸中寬快，意思悅適。」（《畫意》）藝術創作者「養得胸中寬快，意思悅適」，正是「使之和豫通而不失於兌」的另一表述。

②「與物為春，是接而生時於心者也」，這是說與人相處保持著春和之氣，與外

物接觸心中反映著相應時節的變化。「是接而生時於心者」，正如〈大宗師〉描述真人的人格神態時所說一樣，「淒然似秋，暖然似春，喜怒通四時，與物有宜而莫知其極」。「喜怒通四時」，如同「是接而生時於心者」，都是寫主體心神接觸自然界時的心理反應。莊子筆下，常巧妙地把自然界擬人化，將自然界作為人的情感的物件來反映。在莊子的世界裡，人的情意與大自然聯為一體，因而心神活動常反映出大自然的節奏，就像宋代郭熙論畫時所說的：「春山煙雲連綿，人欣欣；夏山嘉木繁陰，人坦坦。」（《林泉高致・山水訓》）莊子所謂「喜怒通四時」，正是此意。

③「與物為春」是寫心對物的觀照所產生的美境。《莊子》內篇言「心」多達

36. 內篇他處言及才質、才性者，如〈大宗師〉云「聖人之才」、〈人間世〉云「是其才之美者也」。按〈人間世〉以「美」來形容「才」，和〈德充符〉論「才全」之富審美意蘊正相一致。

37. 「使之和豫通而不失於兌」，這句各家標點解讀不一。「兌」，悅（《釋文》引李頤說）；「和豫通」，即和順、安豫、通暢。

四十餘處，我個人最讚賞的莫過於「與物為春」及「乘物以遊心」所呈現的審美意境。「與物為春」[38]謂心神接觸外物像春天一般有生氣，與人相處滿懷著春日般盎然意趣，這正如〈則陽〉所云：「其於物也，與之為娛矣；其於人也，樂物之通……飲人以和。」莊子對審美的闡揚，開啟了歷代詩歌文論的審美思潮。[39]

（四）「德者成和之修」——和諧修養的境界

莊子申說才性之美（「才全」），接著簡言德性之和（「德不形」）。所謂「德不形」，就是說德性不要彰顯外露，保持內在精神的穩定，不隨意受外境所搖盪（「內保之而外不蕩也」）。這是呼應首章「唯止能止眾止」的道理。最後一句「德者，成和之修也」，則是為呼應首章「遊心乎德之和」而提出的。「德不形」所說的這兩句話「內保之而外不蕩也。德者，成和之修也」，想來也頗有意味。前者著重內在生命充實完美的追求，這是〈德充符〉的主旨，也是道家所崇尚的人格形象。而後者也是對本篇主題思想的再度彰顯。莊子為什麼屢以「德」、「和」並提（又如〈繕性〉云「德者，和也」、〈徐无鬼〉云「抱德煬和」）？因為道家的宇宙觀、人生觀的基本主張是人和宇宙為不可分割的整體，故此進而倡導人與自然的和諧關係、人與人的和諧關係，以及人與自己內在保持平衡狀態的和諧關係，這就是莊子所倡導的三和：宇宙的和諧（「天和」）、人間的和諧（「人和」）及內心的和諧（「心和」）。[40]「德者，成和之修也」，正是說「德」的最高境界就是能達到人與自然、人與人的和諧修養的境界。這也就是「遊心於德之和」的審美境界。

38. 宋代林希逸：「與物為春者，隨所寓而皆為樂也。」（《莊子口義》）清代宣穎說：「隨物所在，皆同由於春和之中。」（《南華解經》）

39. 如南朝劉勰《文心雕龍》所說：「獻歲發春，悅豫之情暢。」（〈物色〉）正承「與物為春」之意趣。而《文心雕龍》著名的「神與物遊」學說，是說在審美創造中主體的思想感情與景物的形象相融合。其思想源頭正出自莊子「與物為春」、「乘物遊心」的審美方式。故成復旺教授在《神與物遊》的專著中指出：「老、莊是『神與物遊』的創始者。」（第四頁）

40. 請參看拙文〈道家的和諧觀〉，刊在《道家文化研究》第十五輯，生活．讀書．新知三聯書店，一九九九年版。

莊子學說最大的特點，莫過於闡揚「遊」和「遊心」。「心」是精神活動的主體，「遊」是審美心理活動，因而，「遊心」不僅是主體精神自由活動的表現，更是藝術人格的流露。

五、「心齋」與「坐忘」——「唯道集虛」與「心通道境」

「心齋」（〈人間世〉）和「坐忘」（〈大宗師〉）是精神進入道境的兩種修養方法，特別受到莊子研究者的關注。

「心齋」的修養工夫著重心境向內收——由耳而心，由心而氣，層層內斂。所謂「徇耳目內通」，即使耳目作用向「內通」，達到收視返聽於內的效果。而「坐忘」的修養工夫則使心境向外放——由忘仁義、忘禮樂而超越形體的拘限、智巧的束縛，層層外放，通向大道的境界（「同於大通」）。兩者修養方法之內收與外放雖異，但由工夫通向道境、由「為學」通向「為道」的進程則有同通之處。

「心齋」和「坐忘」論題的提出，由於文義奇特，不僅令人費解，也很容易給讀者帶來虛無化或神秘主義的誤解，因而我們有必要徵引原文分別進行解說。

（一）「心齋」的修養方法和境界

有關「心齋」的修養方法和境界，莊子如是說：「若一志，無聽之以耳而聽之以心，無聽之以心而聽之以氣！聽止於耳，心止於符。氣也者，虛而待物者也。唯道集虛。虛者，心齋也。」「心齋」修養方法，在「一志」的原則下，其步驟為「耳止」、「心止」、「氣」道、「集虛」等修煉之功，亦即聚精會神，而後官能活動漸由「心」的作用來取代，接著心的作用又由清虛之「氣」來引導。「唯道集虛」，意味「道」只能集於清虛之氣中，也就是說道集於清虛之氣所彌漫的心境中。這清虛而空明的心境，就叫作「心齋」。「心齋」的關鍵在於精神專一（「一志」），以致透過靜定工夫，引導清虛之氣匯聚於空明靈覺之心。後人將莊子傳「道」的「心齋」方法應用到氣功的鍛鍊上。

從哲學觀點來看，「心齋」這段話中，道、氣、心三個重要基本範疇及其相互關係值得探討。而「唯道集虛」這命題，不僅隱含著「道」具象化為「氣」，並且在老莊文獻中首次出現道心合一的思想觀念。同時，我們從「心齋」這段話中，很容易聯想到戰國時代南北道家諸多觀點的相通之處。[41]

「心齋」修養方法，最緊要的是心神專注（「一志」），其進程只簡要地這麼提示：「無聽之以耳而聽之以心，無聽之以心而聽之以氣。」這些乍讀起來有些玄虛，其實它們是可以被經驗或體驗到的，那就是從耳目官能的感知作用，到心的統轄功能，而後到氣的運行，循序而進，層層提升。以此，所謂「無聽之以耳而聽之以心」，乃是指由「耳」的感官知覺提升到更具主宰地位的「心」來領會；[42]接著說「無聽之以心而聽之以氣」，則是進一步指出把由個體生命最具主導功能的「心」提升到作為萬物生命根源的「氣」來引導。在莊子觀念中，氣是宇宙萬物的生命力（vital force），宇宙間各類生命都是「氣」的流轉與寓形。[43]《莊子》言「氣」（共四十六見），從不同的語境來看，在哲學範疇中可以概分為兩類：一般多以氣為構成萬有生命的始基元素，但有時則又將始基元素的氣提升為精神氣質、精神狀態乃至精神境界。

「聽之以氣」之後，莊子歸結地說：「氣也者，虛而待物者也。唯道集虛。虛者，心齋也。」這裡的「氣」，即是指空明的心境或清虛的精神境界。[44]所謂「虛而待物」，即是說空明之心乃能涵容萬物，有如蘇東坡所說，「空故納萬境」。而「唯道集虛」，正是說「道」匯集於空明靈覺的心境。

莊子有關「心齋」的學說，一共只有四十六個字，而其中蘊含的意趣和哲理卻一

41. 以稷下道家代表作之一的《管子．內業》來對比，兩者有諸多相通之處，例如：①稷下道家亦強調精神專一（「一志」），如〈內業〉云「一物能化謂之神」、「摶氣如神」。②稷下道家亦言及引導氣聚集於心，如〈內業〉云「敬除其舍，精將自來」、「靈氣在心」。③稷下道家亦言及道會合於心，如〈內業〉云「夫道者……卒（萃）乎乃在於心」、「修心靜意，道乃可得」、「心靜氣理，道乃可止」（請參看陳鼓應《管子四篇詮釋》）。

42. 正如《管子．心術上》所說：「心之在體，君之位也；九竅之有職，官之分也。」

43. 參看王世舜、王倩〈莊子氣論發微〉，刊在《道家文化研究》第八輯，上海古籍出版社，一九九五年版。

44. 涂光社《莊子範疇心解》謂「心齋」這裡的「氣」，「指一種至『虛』的空明的精神境界，也指保有生命原生靈慧，無雜於世俗的心性」（中國社會科學出版社，二〇〇三年版，第二六八頁）。

直為後人所引申，而莊子的突出心神作用及其氣論，對後代文藝理論有著深遠的影響。在當代學人中，徐復觀先生對「心齋」為核心的莊子心學所做出的評價，最引人關注。他認為，由「心齋」的工夫所把握到的心，乃是「藝術精神的主體」；而且，歷史上的大藝術家所把握到的精神境界，常不期然而然地都是莊子、玄學的境界。[45]下面對莊子「心齋」有關的心（「神」）、氣、道等概念在文化史上的意義，再做幾點解說。

①在古典哲學中，形、神、氣三者並題而論，首出於此。這三者關係，《淮南子・原道訓》說得較分明：「夫形者，生之舍也；氣者，生之充也；神者，生之制也。一失位則三者傷也。」

莊子在形、心對舉中，在心「內」形「外」、心主形從的思維中，為了肯定心神的作用，常突出「神」的概念（如謂「神遇」、「神行」、「神動」）。「精神」也是莊子所首創的概念（如謂「精神四達並流」、「澡雪而精神」、「獨與天地精神往來」）。美學、藝術上著名的傳神說、神韻說，莫不淵源於莊子神貴於形或以神統形的思想。

②在繪畫美學上，從顧愷之的「傳神」到謝赫的「氣韻生動」這一條重要的思想線索，也與莊學精神有所聯繫。誠如徐復觀先生所論，「氣韻觀念之出現，係以莊學為背景。莊學的清、虛、玄、遠，實係『韻』的性格、『韻』的內容；中國畫的主流，始終是在莊學精神中發展」。[46]

③在文學理論上，從曹丕的文氣說（「文以氣爲主」）到陸機的《文賦》，已把莊子悟道心境引入文學理論，用來說明創作構思開始時必具的一種精神狀態。「這種精神狀況與『心齋』在排除任何雜念的干擾，歸於虛靜上是相同的。」[47]

45. 徐復觀說：「莊子之所謂道，落實於人生之上，乃是崇高的藝術精神；而他由心齋的工夫所把握到的心，實際乃是藝術精神的主體。由老學、莊學所演變出來的魏晉玄學，它的真實內容與結果，乃是藝術性和藝術上的成就。歷史中的大畫家、大畫論家，他們所達到、所把握到的精神境界，常不期然而然的都是莊學、玄學的境界。宋以後所謂禪對畫的影響，如實地說，乃是莊學、玄學的影響。」（徐復觀《中國藝術精神》〈自敘〉）

46. 徐復觀《中國藝術精神》第三章〈釋氣韻生動〉，第一八二頁。

47. 引自羅宗強《魏晉南北朝文學思想史》（中華書局，二〇〇六年版，第八一頁）。

④〈人間世〉說到「心齋」之後，還有一段論說的文字，意味「心齋」能使心靈通過修養工夫達到「虛室生白」那種空明的境界。這空明的覺心能使「耳目內通」，能感化萬物。這段話是這麼說的：「瞻彼闋者，虛室生白，吉祥止止。夫且不止，是之謂坐馳。夫徇耳目內通而外於心知。」這段話另有一番意趣，所謂觀照那空明心境的「瞻闋」、所謂福善之事止於凝靜之心的「止止」、所謂耳目感官通向心靈深處的「耳目內通」，都是「內視」的提法。[48]在中國古代思想文化史上，「內視」之說首出於此。

劉勰《文心雕龍．神思》謂：「寂然凝慮，思接千載；悄焉動容，視通萬里。」所謂「寂然凝慮」，可說如「心齋」之內視；而「視通萬里」，則如坐忘之「同於大通」。

（二）「坐忘」——個體生命通向宇宙生命

「心齋」的工夫，開闢自我的內在精神領域；「坐忘」的工夫，則由個我走向宇宙的大我。有關「坐忘」的修養方法及其意境，在〈大宗師〉中又是以孔子及其弟子的寓言來表述的：

（顏回）曰：「回坐忘矣。」仲尼蹴然曰：「何謂坐忘？」顏回曰：「墮肢體，黜聰明，離形去知，同於大通，此謂坐忘。」仲尼曰：「同則無好也，化則無常也。而果其賢乎！丘也請從而後也。」

〈齊物論〉南郭子綦「隱机而坐」，像是〈大宗師〉「坐忘」的前奏。子綦最後達到忘我之境——所謂「吾喪我」的「吾」——猶如「坐忘」所達到的「大通」境界；而「喪我」，則猶如「坐忘」中超越形軀與心智（「離形去知」）的步驟。而〈逍遙遊〉中的「無功」、「無名」、「無己」，其超越身外的功名（「無功」、「無名」），一如「喪我」，亦如「忘禮樂」、「忘仁義」，其無我境界的至人（「至人無己」），亦正是達到「同於大通」，臻於「天地與我並生」的天人合一之最高境界。

48. 如羅宗強先生說：「內視的提法，來自道家。它的早期說法，是莊子的『心齋』說。」（見《魏晉南北朝文學思想史》，第八一頁）

「坐忘」提示人的精神通往無限廣大的生命境界。如何達到「大通」的道境，這裡指出了三個主要進程：首先是心境上求超越外在的規範（「忘禮樂」），其次求超越內在的規範（「忘仁義」），再則求破除身心內外的束縛（「離形去知」）。可見，「坐忘」的修養方法，要在超功利，超道德，超越自己的耳目心意的束縛，而達到精神上的自由境界。[49]

「坐忘」中最基本的範疇「忘」以及「同於大通」、「化則無常」等命題，為理解「坐忘」說的關鍵語詞；此外，一如心齋說中的「虛」、「靜」，亦為修養工夫中不可或缺的觀念。下面分幾個方面進一步解說「坐忘」說的意涵。

1.「坐忘」中的虛靜工夫

「坐忘」是通過「靜定」的工夫（「坐」）漸次淨化心靈，使之達於如「心齋」之「虛」境。[50]「坐忘」的「虛」、「靜」意涵，源於老子「致虛」、「守靜」（《老子》十六章「致虛極，守靜篤」）。老子言「虛」，自道體與天地之狀，以至於主體心境，如謂：「道體是虛狀的，而作用卻不窮盡。」（《老子》四章「道沖，而用之或不盈」）並謂天地之間，猶如風箱，「虛而不屈，動而愈出」（《老子》五章）。老子要人破除成見，使心胸開闊（《老子》三章「虛其心」），曉喻人們要虛懷若谷（《老子》四十一章「上德若谷」）。莊子則更在主體心境上推進「虛」的意涵，在〈齊物論〉中他生動地以大地「眾竅為虛」而形成「萬竅怒呺」的景象，來形容在思想自由的時代環境中呈現百家爭鳴的盛況。在〈人間世〉中，莊子又從身心的修養工夫（「心齋」），提出「唯道集虛」、「虛室生白」等描述精神境界的重要命題。莊子學派還將「虛」與動靜觀念連結起來（如〈天道〉云「虛則靜，靜則動，動則得矣」）。

莊子言「虛」既有滌除貪欲與成見的意涵，但更重要的是強調主體心境的靈動涵容的積極作用。莊子用「天府」、「靈府」來形容「虛」心，前者形容心靈含量廣大，

---

49. 參看湯一介〈自我與無我〉，刊在《道家文化研究》第十輯（上海古籍出版社，一九九六年版）。

50. 如涂光社教授說：「『坐忘』就字面而言是端坐而無思慮的意思。此處的『坐忘』是顏回通過不斷的執著精神修養，跨越了幾個層次才達到的境界。」（《莊子範疇心解》，第七二頁）

後者形容心靈生機蓬勃。《莊子》內篇言「虛」不言「靜」，但「坐忘」之坐姿已含靜定工夫，[51]猶如〈大宗師〉另一詞語「攖寧」——在萬物紛繁變化的煩擾中保持內心的安寧。

2.「忘」境——安適足意的心境

「坐忘」說中，「忘」字五見，為莊學之特殊用語，主要出現在〈大宗師〉、〈達生〉及〈外物〉等篇。除「坐忘」外，各篇還出現諸多流傳千古的成語，如「相忘於江湖」、「相忘以生」、「兩忘而化其道」（〈大宗師〉）、「忘適之適」（〈達生〉）、「得魚忘筌」、「得兔忘蹄」、「得意忘言」（〈外物〉）等等。李白詩中所描繪的「陶然共忘機」，正是莊子筆下達於安適足意、自由無礙的心境。

作為莊子特殊用語的「忘」，即是安適而不執滯的心境之寫照，如〈達生〉所謂「心之適也」。由於「忘」在莊子心學中具有特殊意義，因而，我們除了從《莊子》書中有關議題做整體地把握它的用意，更要從〈大宗師〉等內篇的脈絡意義來理解「坐忘」

的意涵。[52]

「忘」的意境，在《莊子》首次出於〈齊物論〉：「忘年忘義，振於無竟，故寓諸無竟。」我們首先要從這些話的語境意義來理解，理解它的語境意義之後會發現，〈齊物論〉所說的「忘年忘義」而「振於無竟」，和〈大宗師〉坐忘中的「忘禮樂」、「忘仁義」而「同於大通」是相通的。

〈齊物論〉「忘年忘義，振於無竟」的語境意義大致是這樣的：「成心」所導致的是非然否之辨，既然得不出定論，還不如順任事物的本然情狀，遵循著事物的變化（「和之以天倪，因之以曼衍」），如此，精神不至於為勞神累心的爭辯所困蔽。在這語義脈絡下，〈齊物論〉提到「忘年忘義，振於無竟」，意思是說：心神若能從主觀爭辯的觀念囚籠中超拔出來，忘卻是非對待，遨遊於無窮的境域，這樣就能把自己

51. 《莊子》內篇，「靜」字未得一見，可見，主靜觀點出自《老子》。老子「主靜」說對後代影響最為深遠的不是莊子，而是周敦頤。周敦頤《太極圖說》和《通書》中的主靜說，其學脈關係源於老子。

52. 「忘」字在《莊子》全書出現八十四次，其中〈大宗師〉十六次，但首章「其心忘」通行本誤作「其心志」。

寄寓在無窮無盡的境界中。此處所謂「振於無竟」、「寓諸無竟」，與〈大宗師〉坐忘所達到的「同於大通」之境，正相對應。「大通」就是大道，道的境界也就是自由的境界。

《莊子》論「忘」最多的一篇是〈大宗師〉，全篇共十六見。〈大宗師〉以「忘」來描繪人生達於安適自在的精神境界，開啟了外雜篇（如〈達生〉、〈外物〉）對「忘」的意境之闡揚。這裡讓我們舉〈大宗師〉最為人所道的一則論述，以使我們較全面地理解「坐忘」說中的意境：

泉涸，魚相與處於陸，相呴以濕，相濡以沫，不如相忘於江湖。與其譽堯而非桀也，不如兩忘而化其道。

「相濡以沫」、「相忘江湖」、「兩忘而化其道」如今都已成為家喻戶曉的成語。在這段論說中，莊子起筆就呈現一個自然災變的景象：泉水乾涸，池塘枯竭，魚兒一起困處在陸地上，相互噓吸濕氣，相互吐出唾沫。莊子藉魚來描繪人間的處困以及困境中相互救助的情景。然而，「相濡以沫」之處困，畢竟還不如彼此「相忘於江湖」，人間的道理和自然界的法則畢竟是相通的。所以說，與其是非相爭，互不相讓，倒不如用大道來化除彼此的爭執對立——「與其譽堯而非桀也，不如兩忘而化其道」。

於此，魚在自然界的三種情境（即「相呴以濕」、「相濡以沫」、「相忘江湖」）正反映著人間世上的幾種現象和意境：一是所謂「譽堯而非桀」，亦即〈秋水〉所說「自貴而相賤」、「自然而相非」；二是在對立爭執中，訂定仁義禮法以相互規範（這一層次好比魚「相處於陸」），如〈大宗師〉中所說「堯謂我：『汝必躬服仁義而明言是非』」（這一層次好比魚「相濡以沫」）；三是「兩忘而化其道」，有如魚兒「相忘於江湖」。

由是觀之，「坐忘」中的顏回曰「忘禮樂」、「忘仁義」，其所「忘」正如同〈駢拇〉所說「屈折禮樂，呴俞仁義……此失其常然」。所謂「失其常然」，就像魚失水養而處「相濡以沫」之境。

從〈大宗師〉乃至《莊子》書整體來看，作為莊子心學中的特殊語詞，「忘」並不只是否定意義，它兼有正反兩面的意涵：其逆向作用在於破除束縛，擺脫困境；其正向作用在於使精神超越和提升到更高的層次。

「兩忘而化其道」——物我兩忘而融合在道的境界中——也正是「坐忘」工夫而達於「同於大通」的最高境界。而「忘」與「化」，也正是心靈活動達到「大通」之境的重要通道；「忘」為與外界適然融合而無心，「化」則參與大化流行而安於變化。「坐忘」章最後說到：物我一體沒有偏私，參與大化流行就不偏執，即「同則無好也，化則無常也」，正是「大通」境界的寫照。

要之，「心齋」著重寫心境之「虛」，「坐忘」則要在寫心境之「通」。「心齋」使耳目「內通」，開闊人的內在精神，陶冶人的內在本質；「坐忘」則發揮著人的豐富想像力，遊心於無窮之境。誠如前引劉勰《文心雕龍》所云：「寂然凝慮，思接千載；悄焉動容，視通萬里。」

「心齋」之「寂然凝慮」與「坐忘」之「視通萬里」，使莊子心學開創出前所未有的心靈境界。

結語

（一）中國人性論可以儒道為代表，談人性論通常總是圍繞著心論而開展，即使以性善性惡為主題的儒家，也認為不宜「先心覓性」，當以「即心見性」。[53]道家莊子更不用說，其心學是為其人性論之中心論題。

以儒道為主軸的古代心學，雖可溯源於孔、老，但從《論語》、《老子》典籍看，「心」的範疇並未形成獨立的議題，更未建立任何體系之論述。

而儒道心學成為思想界主要議題，乃興盛於戰國中期，《孟子》、《莊子》兩部典籍充分反映出兩者各自建立起完整系統的心學，而《莊子》心學之豐富多彩，可謂超出於諸子之上。本文討論主要以《莊子》內篇為範圍，有關外雜篇之心、性、情等

53. 錢穆〈心與性情與好惡〉，一九九五年稿，載香港《民主評論》第六卷第十二期，收在《中國學術思想史論叢》卷二（安徽教育出版社，二〇〇四年版，第八〇頁）。

議題，將另文申論。

（二）本文的「心」作為內七篇的一條主線，彰顯出以生命為主題的思想在《莊子》中的重要性。古人以為思維能力和精神作用都發自於心。而「精神」一詞為《莊子》之首創，莊子對心神作用之高揚亦史無前例。

「心」為《莊子》內篇之核心論題，這裡依七篇排序簡要說說。①〈逍遙遊〉旨在闡揚心神之廣大自在，自由自適。②〈齊物論〉以「眾竅為虛」比喻發諸心胸開闊、各抒所見人物之論各有所長；「以明」之心，則反映外在多彩的世界。③〈養生主〉以薪盡火傳喻精神生命得以永續傳承，並以「神遇」、「神行」比喻由技入道的過程中心神所發揮的作用。④〈人間世〉曉喻世人「處勢不便」則宜由仕途轉而入修身，由是提出「心齋」之說，篇中還出現「乘物以遊心」的重要命題。⑤〈德充符〉旨在闡述如何充實精神生命之內涵，提出「與物為春」的審美情趣以及「遊心乎德之和」的審美意境。⑥〈大宗師〉主旨論大化流行及安化心態，提出「坐忘」說，「忘」境即「自適其適」、「心閒而無事」之心境。⑦末篇〈應帝王〉認為外王之道以治心為要，再度提出「遊心」與「虛」心的理念——「遊心於淡」、「虛而已，至人之用心若鏡」。統觀內七篇，虛、明、通、忘、遊是其心學之基本範疇。「虛」、「明」是通過靜定工夫所呈現的空明靈覺而能涵納萬象的心境。「通」則以虛明心境消除人我之隔閡而達於物我融合之境。「忘」是為主體處於安閒足意的心境，「遊」則為自由適意之美感活動。而其中最富莊學特色的莫過於「遊心」這一思想觀念，它不僅是莊子心學中最有代表性的範疇，也是古典美學中最重要的一個範疇。

（三）本文以「開放心靈與審美心境」為題，論述《莊子》內篇之心學。先說心學中的「開放的心靈」。「開放的心靈」是我在上世紀六〇年代初接觸《莊子》之後就喜用的一個語詞，這也許和我當時處於威權時代的文化環境有關，至今我依然習用之，有諸多原因，不過主要依據文獻。每當我們進入莊子世界，最特殊的感覺就是他給我們開啟了一個無限寬廣的思想領域和精神空間。當我寫內篇「開放的心靈」時，主要取材於〈逍遙遊〉與〈齊物論〉篇，如〈逍遙遊〉「以遊無窮」及大鵬迎風騰飛拉開一個「其遠而無所至極」的視野，如〈齊物論〉「十日並出，萬物皆照」的開闊心胸以及「旁日月、挾宇宙」所表現的宏偉心態，凡此都是我著意之處。我們再看看其他篇章，如〈大宗師〉「坐忘」所呈現「同於大通」境界，〈德充符〉「自其同者視之，萬物皆一也」的視角，也都是開放心靈的寫照。不過，我們不能把莊子的思想觀念朝單一化解釋。例如，〈齊物論〉最重要的「以明」這一概念，雖意味著開放的心靈，但「以明」之心的客觀認知作用，本文卻未及申論。從文本理解，「以明」即為使心的思維功能空明靈覺如明鏡一般地得以如實地呈現外物的實況。這種排除主觀成見而客觀反映事物本然情況的思想，卻較少為莊學研究者關注。內七篇中多篇言及「虛」，〈齊物論〉、〈人間世〉且不說，如〈應帝王〉亦一再提到「虛」，並說「至人用心若鏡」，這著名的心鏡說，也和「以明」一樣，要能如實地反映萬物的客觀景象而無所隱蔽。這一客觀反映論的「認知心」，和「道德心」、「審美心」的倡導同時出現，經稷下道家的闡發，而荀子、韓非一系脈亦多所申論，可謂先秦心學之另一新章，本文限於篇幅以及主題論述集中的顧慮，故而從略。[54]

（四）本文另一主題「審美心境」，則以〈養生主〉、〈德充符〉篇章內容為依據而展開論述。莊子實則將現實人生點化為「藝術人生」，故而以「心」為審美活動之方法，[55]這正是莊子思想的一大特點。而其審美意趣，亦散見於全書其他篇章。以內篇為例，如〈齊物論〉莊周夢蝶，形容「栩栩然蝴蝶也，自喻適志與」，正是寫審美主體在人生活動中顯現出無比適意的審美情趣。〈逍遙遊〉篇末闡發無用之用意旨，正合於審美經驗超功利的觀點。以「遊」為篇名，則不僅體現著一種精神自由的境界，同時也蘊含著一種審美境界。

先秦諸子緒業多方，風采各異。獨樹一幟的莊子，在思想格調上最能代表他那精神風貌的哲學觀念，莫過於他頻頻使用「遊」這一話語。莊書「遊」字出現一百零六次，

54. 「認知心」在《莊子》外雜篇亦多處論及，莊子這類認知取向的心論，在稷下道家的著作中尤為明顯，如《管子．心術上》闡述心的「虛」「靜」作用，倡言靜觀事物的運行法則（靜「以觀其則」），並強調去除主觀私見而以客觀為準則（「捨己而以物為法」）。稷下道家為摒除個人主觀臆斷，避免先入為主地預設立場，以此提出「靜因之道」的主張。「靜因之道」既是應物之原則，亦為黃老重要的認識方法。荀子「虛壹而靜」的認識方法正是源於稷下道家。

55. 徐復觀先生在《中國藝術精神》認為以莊子思想所成就的人生，實際是藝術人生，而「中國的純藝術精神，實際係此一思想系統所導出」（第四七頁）。

猶如孔子倡「仁」，《論語》中「仁」字高達一百零九見。「遊」之遍見《莊子》全書，瀏覽其間，使人直覺著字裡行間散發出清新的藝術氣氛。「遊」之內涵，不僅反映著莊子的一種獨特的生活方式，也呈現出一種獨特的藝術情懷。而「遊心」這一範疇以及它所組織的語句尤為切要（正如《老子》將「為學」與「為道」組成「為學日益」、「為道日損」的命題）。例如，內篇中〈人間世〉出現「乘物以遊心」的命題，實乃古典美學「神與物遊」之先聲；〈應帝王〉中的「遊心於淡」，或為古典美學「澄懷味象」之餘音；〈德充符〉中的「遊心乎德之和」，是為道家所憧憬的天人和諧之精神境界。

在眾多思想觀念中，最能反映出莊子學說特點的，莫過於「遊心」。「遊心」不僅是精神自由的表現，更是藝術人格的流露。

莊子「遊心」所表達的自由精神、所洋溢的生命智慧、所蘊含的審美意蘊，成為境界哲學的重要成分，亦長期沉浸在文學藝術的創作心靈中。

（本文先後刊發於《哲學研究》二〇〇九年第二、三期）

心通道境：心靈的內修與審美空間的外移——《莊子》外雜篇的心學

一、外雜篇與內篇人性論中有關心學的異同

在〈開放的心靈與審美的心境——《莊子》內篇的心學〉文中，我提到人性論中有關「心」的議題在春秋時期還未顯題化，孔老談論的「心」，屬於一般性的語詞，並未成為哲學上的範疇。戰國時期，是告子率先將人性論的議題顯題化，揭開了中國人性論史的序幕。與此同時，他的論題也引來孟子的辯駁，進而促成孟、莊在戰國中期將此議題推向高峰——孟子的道德心指向一種道德人生，莊子的審美心趨近一種藝術人生。事實上，孟、莊之間這種「雙峰並至，二水分流」的思想交鋒，在相互輝映中又都傳承著孔、老的人文內涵，他們同源而異流並不斷拓展著人文傳統的論域。與西方哲學籠罩於神本思想之下相比，中國古典哲學的特質在於其富於人文精神。可以說，在殷、周人文思潮的激盪下，審視儒道人生觀在分流中呈現的多重樣態，是我探討莊子人性論的一條相當明確的思路。

一般而言，我們將《莊子》這部書視為莊子學派的著作，以內篇為莊周本人的論著，外雜篇為眾弟子及門人的作品彙編，其間甚或保留有莊周的札記和弟子的記述。整體看來，各篇所論都有內在的思想聯繫。就「心」的範疇而言，外雜篇與內篇在與主題相關的思想觀念上保持著一致性。承接內篇的思路，外雜篇的不少論述在問題的探索、理論的闡釋等方面不斷地強化並擴充著內篇的思維。[1] 因此，我傾向於將《莊子》外雜篇的心學首先認作為莊子學派內部對於當時人性議題的回應。在分享共性的同時，外雜篇與內篇的差異也是非常明顯的。經由莊子後學的鋪陳，諸子討論的眾多議題乃至諸子時代的眾多問題都或隱或顯地包含於其中。[2]

1. 劉榮賢《莊子外雜篇研究》（聯經出版公司，二〇〇四年版）一書，對內篇和外雜篇的思想異同有其整體性的論述，可供參考。
2. 整體而言，外雜篇尤其注重聯繫心與性、情、命等人性諸概念，完整地探討人性的議題。作為莊子後學的論述焦點，人性的議題自〈駢拇〉一篇起便貫穿於《莊子》外雜篇的始末。曹礎基注釋〈駢拇〉一篇時也提示到，「這是一篇道家的人性論」（曹礎基《莊子淺注》，中華書局，二〇〇〇年版，第一一九頁）。

二、「明乎禮義而陋於知人心」——儒道的對話與對立

我們說，相較於《莊子》內篇，外雜篇所論及的心性至少在以下的兩個議題上有著顯著特徵：其一是現實感與時代性的凸顯，莊子後學核心關切在於禮義的規範是否合乎人心的問題，進而，這種對於時代的敏銳也成為儒道對話的現實基礎；其二是，他們細膩地描繪了人心的複雜性、可塑性與多變性，並致力於從正、反兩面觀察人心的活動，其理論本身的多面性，又與儒學的單一化思考形成對照。鑑於此，下文擬分兩節進行論述。

（一）「以仁義攖人之心」——人性的異化

如果說，人性的議題涉及心性論與情性論兩個方面，那麼，《莊子》外雜篇圍繞

這兩方面的大部分討論都顯示出強烈的現實感和時代性，這是外雜篇心學的大部分議題比內篇更突顯的第一點。

戰國末期，如何安善人心（「安臧人心」）是時代的主要訴求。當是時，「天下瘁瘁焉人苦其性……匈匈焉終以賞罰為事」（〈在宥〉），諸侯國之間的兼併，往往藉「治天下」之名，在廝殺與荼毒中「亂天下」，正如《史記》所言「天下共苦，戰鬥不休」。這是自孟莊以來一直延續的時代背景，也是儒道兩家迫切檢討的時代課題。對於莊子後學而言，這種亂局、苦境的最深刻流弊莫過於加劇人心的動盪不安、人性的攖擾不寧，即所謂「搖蕩民心」（〈天地〉）、「天下脊脊大亂，罪在攖人心」、「天下將不安其性命之情」（〈在宥〉）。因而，外雜篇論及心性的一個顯著特徵就是現實感與時代性的凸顯，甚至可以說，現實感與時代性就是灌注並浸潤於《莊子》外雜篇中的底色。

事實上，這種對於時代的敏銳更成為儒道對話的現實基礎。面對日趨沉淪的社會秩序，孔子期盼恢復西周時期的禮樂體系，他繼承殷周以降的德治傳統，提倡「仁者愛人」、「為仁由己」並強調其「忠」、「恕」的涵攝面。戰國中期，孟子更進一步地為「仁」、「義」、「禮」等道德原則尋求心性的根據，將其訴諸人之本心的先驗善性。作為儒家倫理的回應者，戰國末期，莊子後學尖銳地提出「以仁義攖人之心」（〈在宥〉）與「明乎禮義而陋於知人心」（〈田子方〉）這兩重命題。人心之所以不得安寧，人的性命之所以不得安頓，其根源即在於聖智禮法已淪為竊國諸侯的名器，〈胠篋〉篇已有著史無前例的揭示。〈庚桑楚〉和〈徐无鬼〉兩篇也分別載有「不以人物利害相攖」、「不以物與之相攖」的說法，顯然，戰國末期的統治者競相追逐於智巧和名利，周旋在物欲的漩渦之中，不免忘卻了生命的本真，正所謂「功利、機巧，必忘夫人之心」（〈天地〉）。不僅如此，他們甚至假借「仁義」、「禮樂」毀傷人心、人性，這便直接地導致了人性的異化。[3]〈駢拇〉篇說：「屈折禮樂，呴俞仁義，以慰天下之心者，此失其常然也。」〈馬蹄〉篇說：「屈折禮樂以匡天下之形，縣跂仁義以慰天下之心，而民乃始踶跂好知，爭歸於利，不可止也。」這就是人為物役，這就是「倒置之民」（〈繕性〉）。可以說，人性的異化集中地反映了時代的異化，這無疑更具體地表露出莊子後學的現實感與時代性。

（二）「其居也淵而靜，其動也懸而天」——人心的複雜性和多變性

如果說，顯示出強烈的現實感和時代性是外雜篇的心學不同於內篇的第一點，那麼，細膩地描繪人心的複雜性、可塑性與多變性則是外雜篇心學異於內篇的第二點。

首先，〈在宥〉一篇在一種差別性的情境中，刻劃出人心近乎兩極化的諸多樣態，它們共同指向了人心的多變性：人心，壓抑它就消沉，推進它就高舉，心志的消沉和高舉之間，猶如被拘囚、傷殺，柔美的心志表現可以柔化剛強；有稜角的人必遭折磨，性情時而急躁如烈火，時而憂恐如寒冰；變化的迅速，頃刻之間像往來於四海之外；

3. 李澤厚在《中國古代思想史論》中也談到「異化」的觀點，他說：「他（莊子）抗議『人為物役』，他要求『不物於物』，要求恢復和回到人的『本性』。這很可能是世界思想史上最早的反異化呼聲。」（人民出版社，一九八五年版，第一七九頁）

人心安穩時深沉而寂靜，躍動時懸騰而高飛；強傲而不可羈制的，就是人心。[4]

其次，「人心」的複雜性見於〈列禦寇〉篇，云：「凡人心險於山川，難於知天；天猶有春秋冬夏旦暮之期，人者厚貌深情。」它藉自然地勢的險峻、高遠，表達人心的難以測度，難以把捉。

再次，〈秋水〉篇的「夔憐蚿，蚿憐蛇，蛇憐風，風憐目，目憐心」這則寓言向來令人費解：一足的夔羨慕多足的蚿，多足的蚿羨慕無足的蛇，無足的蛇羨慕不著形跡的風，不著形跡的風羨慕迅疾的眼目，而迅疾的眼目則羨慕更加瞬息萬變、無拘無束的心。這裡談論的正是人心不囿於時空的變動不居。「目」的功用源自於「心」的神妙莫測。與夔、蚿、蛇用於「形」，風用於「無形」不同，目、心都用於「神」。顯然，圍繞「心」的此番勾勒和描摹是《孟子》和《莊子》內篇所未及見的。

除此之外，莊子學派更囊括了心的正、反兩個面向，關照了「心」的多面屬性。其對「心」的正向表述為「常心」、「以明」、「靈府」、「靈台」、「天門」等，反向表述為「蓬心」、「成心」、「師心」、「機心」、「賊心」等。這是在儒家傳統，特別是《孟子》的映襯下，莊子學派的鮮明特質之所在。《孟子》所見一百二十餘次的「心」，幾乎都是正面的意涵。其中，最直接的當屬〈告子上〉一篇以「仁」定義人心，即所謂「仁，人心也；義，人路也」。在此基礎上，孟子更以惻隱、羞惡、辭讓（恭敬）、是非這四端之心作為每個個體生而本有的善性，如〈公孫丑上〉章說「人之有是四端也，猶其有四體也」。我們說，孟子的先驗善性論當然有其積極的意義，尤其是在鼓勵人的向善之心這一點上，然而，他將人性同社會價值關聯起來卻成為歷代爭議的焦點，[5] 一直延續到當代。西方學者弗洛姆在《人心》一書中也反思，人心究竟是羊，還是狼，抑或是披著羊皮的狼？

不同於儒學的單一化思考，對比之下，道家往往從正、反兩個面向觀察人心的活

4. 此段原文云：「人心排下而進上，上下囚殺，淖約柔乎剛強，廉劌雕琢，其熱焦火，其寒凝冰。其疾俛仰之間而再撫四海之外，其居也淵而靜，其動也懸而天。僨驕而不可係者，其唯人心乎！」

5. 參見陳鼓應〈《莊子》抒情傳統的後代回響〉，《哲學研究》二〇一六年第二期，第三一—三九頁；又收入本書。

動。道家的逆向思維成為了中國哲學中一項特殊的思維方式。可以說，與儒家理論體系的平面化相比，道家的理論體系更具層次感。儒、道思考方式的根本不同在莊子後學這裡提示得尤為明顯。

三、「心養」與「守一」——心靈的內修

《莊子》外雜篇與內篇的思想銜接，是在繼承基礎上的強化與擴充，其主體論著代表了莊子後學作者群的思想觀念。在「心」的主題上，他們（莊子弟子和門人）吸收並轉化了早期道家（老學和黃老學）有關治身和治國的理論內涵。《老子》第十章講述治身工夫時說：「載營魄抱一，能無離乎？專氣致柔，能如嬰兒乎？滌除玄覽，

能無疵乎？」健全的生命乃是形體與精神合一而不偏的，這裡的「抱一」即指魂和魄合而為一，也就是精神和形體合而為一。司馬談〈論六家要旨〉明言：「凡人所生者神也，所託者形也。神大用則竭，形大勞則敝，形神離則死。」可以說，形與神的並重是古代道家和先秦諸子一脈相承的觀念。具體到《莊子》外雜篇，其也在一定的程度上承襲了這種觀念。譬如，〈達生〉篇有「形全精復」的說法，意指形神兼備、形神兼修，[6]〈在宥〉篇黃帝和廣成子的對話提及「抱神以靜，形將自正」，〈庚桑楚〉更有「衛生之經」一段與《老子》十章相呼應。但是，他們終究更側重心神的一面，對應內篇論「心」的開放心靈向度，外雜篇論「心」反覆多次地與「虛」、「靜」、「神」、「氣」、以及「一」、「道」等概念、範疇相關聯，構成一個意義的連鎖網

6.「養生」的議題當然包括養形與養神這兩部分。關於「養形」，〈外物〉篇曾說：「靜然可以補病，眥搣可以休老，寧可以止遽。」〈刻意〉篇也說：「吹呴呼吸，吐故納新，熊經鳥申，為壽而已矣，此道引之士，養形之人，彭祖壽考者之所好也。」

絡，[7]拓展並延伸著彼此的意涵，且共同指向心性論中由工夫到境界的心靈的內修問題。[8]

事實上，無論是內篇還是外雜篇，莊子學派關注「心」的實際意圖無疑在於體道。正因如此，與心靈的內修相關的諸多概念，以及由此串聯的工夫路徑幾乎都嵌套於體道的章節中。從〈養生主〉篇「庖丁解牛」的「以神遇而不以目視，官知止而神欲行」，到〈天道〉篇「輪扁斫輪」的「得之於手而應於心，口不能言，有數存焉於其間」，再到〈達生〉篇「梓慶為鐻」的「未嘗敢以耗氣也，必齋以靜心」，這些經由技藝的專精而通達道境的章節，無不關注並凸顯「心」的功用，點明「心」才是由技入道、形神轉換的關鍵環節。其中，形體與心神的對舉是十分明確的。所謂的「工夫」必須見諸心神，是在心神上用功，形體只具有輔助的效用。所以說，《莊子》中形與心的並提實則意味著形與心的對舉，其間暗含著一種進階的關係。不僅如此，〈在宥〉一篇更以「心養」這一專有的概念，指代所謂的體道工夫，或者向內的心靈修養。那麼，心的功用如何彰顯？心養又有無步驟可循呢？

這裡，「梓慶為鐻」一節提示了「氣」的要素，指明體道之「心」是通過凝聚精氣，達至靜定狀態的心，心靈的內修首先與「氣」相關。此外，倘若我們不局限於技藝的章節，將視野投向〈達生〉篇有關體道工夫的更廣泛描述，「氣」的保養將更為顯著。具體而言，就是「純氣之守」以及「壹其性，養其氣，合其德」二者，它們共同出現在關尹講述至人何以「遊乎萬物之所終始」、「通乎物之所造」，也就是如何體道的一段中，其重點仍然在於「氣」的持守與保養。由此，我們不禁聯繫到〈人間世〉篇所講述的「心齋」，從以耳聽轉向以心聽，從以心聽轉向以氣聽。可以說，以心為樞紐，《莊子》外雜篇仍然延續了內篇心與形、心與氣的基本關係結構，正如〈庚桑楚〉所言，「欲靜則平氣，欲神則順心」。「心」的神妙功用離不開「氣」的平順、靜定，「氣」無疑成為「心養」的重要一環。究其原因，在《莊子》開創的道家心性學語境中，「氣」

7. 艾蘭在《水之道與德之端》一書中提到「概念彼此間結構上的關聯」這一觀念，也就是強調各種意義之間的相互連續性（參見〔美〕艾蘭著，張海晏譯《水之道與德之端：中國早期哲學思想的本喻》，上海人民出版社，二〇〇二年版）。

8. 「內修」的概念出自《莊子．讓王》篇的「行修於內者無位而不怍」一句。

是「道」的具象化，不僅天地萬物由「一氣」（相當於「元氣」）而相貫通，人之生死也在於氣的聚與散，甚至只有以「氣」為媒介，個體生命（「心」）才能夠與宇宙生命（「道」）相貫通。

不止於此，「心齋」一節也同時涉及「心養」的另一關鍵，那就是「虛」的概念，所謂「氣也者，虛而待物者也。唯道集虛。虛者，心齋也……虛室生白，吉祥止止」。〈天道〉也稱，「夫虛靜恬淡，寂寞無為者，萬物之本也」。歸根結柢，「氣」所以重要，正是因為「氣」與「道」、「氣」與「心」三者共用「虛」的基本屬性，保持「心」與物相交接時的「虛」的狀態，是心神通達道境的必要環節。既然如此，心又如何保持其虛靜呢？〈知北遊〉說：「汝齋戒，疏瀹而心，澡雪而精神，掊擊而知！」在此，莊子後學將問題引向了認知的領域，將工夫建基於對「知」的檢討和反省之上。這裡的「掊擊而知」指的是摒棄與心性本身的自然真實相違逆的思慮分辨、技巧名利等一切人為的造作，也就是〈達生〉一篇與「純氣之守」相反的「知巧果敢之列」，甚至，郭店本《老子》更有「絕知棄辯，民利百倍。絕巧棄利，盜賊亡有。絕偽棄詐，民復孝慈」的說法。戰國中後期以降，「合縱」、「連橫」等假借知識的名義，實則擺弄技巧、謀取名利的策士之言，直接地煽動了諸侯國之間的兼併與擴張，直接地毀傷著人性，攪擾著人心。除了儒家後學的流弊之外，名辯學的濫觴也成為時代的癥結之所在，這無疑促成了莊子後學對於「知」的檢討與反省。所以，〈刻意〉篇說「無所於忤，虛之至也」，這裡的「忤」正是針對「知」而言的，與前文的「去知與故」相照應。

我們說，《莊子》外雜篇圍繞「心」的範疇編織了一條包含工夫與境界在內的內向修養的意義鏈條。然而，這畢竟只是一個籠統而泛化的印象，當我們抽絲剝繭地企圖重現從工夫到境界的路徑時，某些概念的語義疊置模糊了工夫和境界的邊界，甚至，這種即工夫即境界的表述使得鏈條本身並無清晰、顯見的步驟或次第可循。具體而言，如果說，前述「氣」、「虛」、「靜」、「神」都是工夫層面的範疇，那麼，與之密切關聯的「一」則既關乎工夫又涉及境界，這一點在〈刻意〉一篇中表現得尤其明顯。〈刻意〉其篇，主旨在於「養神」，也就是心神的保養，既包含工夫層面的養神之道，也涵蓋境界層面的聖人之德。就「一」的範疇而言，工夫層面的「一」有心志專一之意，是對「靜」的具體闡釋，譬如「一而不變，靜之至也」、「純粹而不雜，靜一而不變，惔而無為，動而以天行，此養神之道也」；而境界層面的「一」則是指持守心神而不散失的狀態，這正是體道的狀態，所謂「純素之道，惟神是守，守而勿失，與神為一，一之精通，合於天倫」。由此可見，「守一」從工夫與境界的交會處串聯了二者，既是心靈內修的起點，也是其終點。

此外，外雜篇語境中既關乎方法也關乎成效，工夫與境界相融合的「守一」，更鮮明地提示出由「心術」引論「主術」的稷下道家路徑。「心術」一詞首先出現在《莊子．天道》篇中，即所謂「須精神之運，心術之動，然後從之者也」。不少學者以為這一段落與莊周之學不類。然而，我們卻不能排除莊子後學浸染黃老思想的可能性。只是，這裡的「心術」還僅專注於心靈內修的層面，未如《管子．心術上》一般直接地以「主術」界定「心術」，所謂「心術者，無為而制竅者也」。[9] 儘管如此，《莊子》外雜篇還是在心意的專一與天下秩序的安定有序之間建構了關聯。〈天道〉篇說：「故曰：其動也天，其靜也地，一心定而王天下；其鬼不祟，其魂不疲，一心定而萬物服。」「一心」的概念對應於《管子．心術下》的「專於意，一於心，耳目端，知遠之近」，即表示心意的專一。此時，「守一」的工夫進路已由個體生命如何與宇宙生命貫通的問題，也就是個人如何體道的問題，擴展至體道之君主如何治理天下、條理萬物的問題。與此相應，《管子．內業》篇也說：「執一不失，能君萬物……一言得而天下服，一言定而天下聽，公之謂也。」此外，〈天運〉篇在羅列三皇五帝的治理模式時，更以一種遞減或者下降的排序方法，暗示了對於黃帝治理的認可與推崇，即所謂「黃帝之治天下，使民心一，民有其親死不哭而民不非也……禹之治天下，使民心變，人有心而兵有順，殺盜非殺，人自為種而天下耳，是以天下大駭，儒、墨皆起」。我們說，「心一」意味著人性尚未疏離於其自然的、本來的真實，尚未遭受社會性價值的切割，或者說仍與道體相應的理想狀態。這是莊子後學向內關注心神修養的歸宿之所在。

9. 所謂「主術」，正如《淮南子．主術訓》所言，「人主之術，處無為之事，而行不言之教」。

四、「天地有大美而不言」——審美空間的外移

莊子後學除了向內關注心神的修養，也向外表露一種特殊的美意心境，如〈知北遊〉篇說「天地有大美而不言，四時有明法而不議，萬物有成理而不說」。這樣的天地視野和宇宙意識出於一種審美心的觀照，它不局限於主體自身，不局限於客觀事物，而是上溯到本根、本源之道。「宇宙」一詞在《莊子》中共出現四次，分別見於〈齊物論〉、〈知北遊〉、〈讓王〉和〈列禦寇〉。〈庚桑楚〉篇「有實而無乎處者，宇也；有長而無本剽者，宙也」更成為思想史上對於「宇」、「宙」兩概念的首次界定——即空間上沒有止境的上下四方就是「宇」，時間上沒有終始的古往今來就是「宙」。這背後傳遞出一種無限性的觀念——時間無盡綿延著，空間無窮外拓著。可以說，中國哲學「究天人之際，通古今之變」的恢弘氣象在《莊子》外雜篇中尤其凸顯。〈秋水〉

是外篇中最吸引讀者的一篇，開篇河伯和北海若的對話將地理空間無限放大的同時，也將思想的視野層層開拓出來，例如其中說「計四海之在天地之間也，不似礨空之在大澤乎？計中國之在海內，不似稊米之在大倉乎？」又如〈徐无鬼〉最後以「七大」講述體道之無窮，其中，「大陰解之」強調心神的作用，「大目視之」倡導視角的多樣性。它們共同說明，是思想本身的高遠與宏闊使得審美空間不斷地向外拓展與推移。具體而言，外雜篇中審美的空間經歷了從自然景物到天地、宇宙的推移以及由個體生命向形上道體的拓展。

（一）「大林丘山之善於人也，亦神者不勝」——山水詩畫之先聲

劉勰在《文心雕龍．明詩》中說「莊老告退，而山水方滋」。恰好相反，中國文人傳統中山水詩、山水畫的創作源泉正在於《莊子》。〈外物〉篇中有一句引人矚目的話，云「大林丘山之善於人也，亦神者不勝」，山林卉木等自然景物觸人心神、引人入勝，給予人一種美的感受和體驗，與此同時，人對於山水之美也有一番欣賞和陶

醉。置身於山水之中，幽林密樹，草木芬芳，溪水潺潺，人們不由得心神暢懷，心靈深處蕩漾起一股生命的活躍感。

由此，以審美之心體察人和自然景物，他們之間便不再是認知意義上的認識客體與認識主體的關係，而是進入一種消融主客分別進而互為主體的狀態。〈秋水〉篇「濠上觀魚」一節中，莊子遊於濠梁之上，觀察水中鯈魚的即景生情與物我會通，絕非惠施的邏輯分辨所能領會。〈知北遊〉篇也提到：「山林與！皋壤與！使我欣欣然而樂與！」樂於山水之間的前提在於與物無傷，也就是說，人與物之間保持一種一體共存的順任與融通關係，而非對象化的相互疏離、彼此對待的關係。[10]事實上，「大林丘山之善於人也，亦神者不勝」一句前，莊子羅列了這樣兩種情形：一是人身之氣壅塞不調，生存於天地間，與萬物總是處於相互攖擾、相互妨礙的狀態，即所謂「室無空虛，則婦姑勃谿；心無天遊，則六鑿相攘」；另一是保持心的空廓和氣的充盈，這時，人與外物便在「一氣」的連接下相互交通、感染，即所謂「胞有重閬，心有天遊」。後者心神之「遊」的情狀已不自覺地進入一種審美的領域，老莊道家也正是在這一側面上影響了魏晉以降的文人傳統，尤其是竹林七賢和蘭亭集會。

我們說，晉宋文化鍾情於山水，融神思情致於山水之中，文人雅士委心於山水，藉山水詩畫訴說心意。中國文人傳統中，山水詩畫的取材靈感正源自於老莊道家，其意境與空間感也深受道家的薰染，尤其是莊子後學在審美的視域下對於自然景物的觀照。在莊學的影響下，東晉王羲之藉〈蘭亭集序〉訴說其「遊心」於崇山峻嶺、茂林修竹、清流激湍之間的「暢敘幽情」，「仰觀宇宙之大，俯察品類之盛，所以遊目騁懷，足以極視聽之娛，信可樂也」，表達了道家深邃的宇宙人生哲理；「信可樂也」無疑是繼續「魚之樂」的山水之樂，其充塞於宇宙之中，旨在傳遞一種美藝的意境。在老莊「道德自然」的宇宙觀、人生觀的薰陶下，竹林名士更孕育了魏晉「越名教而任自

10. 美學領域所常言的「物感說」（鍾嶸）和「暢神說」（宗炳）正是基於這種關係的表述，其形上的理論基礎都在於老莊道家的氣化宇宙論，即所謂「通天下一氣耳」（〈知北遊〉）、「遊乎天地之一氣」（〈大宗師〉）。宗炳在《畫山水序》中說「山水以形媚道」；他提出「暢神」說，將山水作為可以寄託人類思想情感的審美對象。

然」的新時代哲學，同時影響著士人群體的審美自覺，山水自此成為藝術創作領域不可遺忘的主題。甚至，道教典籍中也有意識地描繪「洞天福地」的景象，將諸多美盛的山水景致視為神仙的棲居之所和修道的嚮往之境，山水進而承載了更豐富的人文意涵。

（二）天籟之音到北門成論道樂

〈齊物論〉一篇，莊子藉「三籟」描繪天地間自然而然的秩序性，彷彿整個宇宙正在演奏一場多聲部的和諧樂章。其中，地籟的「眾竅為虛」和天籟的「吹萬不同」象徵著一種人心虛靈明覺之音。從內篇過渡至外雜篇，樂的意象也同時見於〈天運〉篇的北門成問樂一章，黃帝所奏的《咸池》之樂以「奏之以人」、「奏之以陰陽之和」、「奏之以無怠之聲」的三部曲形象地再現著內篇中天地人的交響曲。二者之間的關係在於，〈齊物論〉中莊子實寫地籟而虛寫人籟、天籟；〈天運〉中莊子後學明寫樂而暗指心與道。更準確地說，這裡的「樂」是心靈齊奏天人之道樂。

表面上看，黃帝所言，其宗旨在於闡發時行、順應的奏樂原則。它表現在天的層面就是自然萬物的生成節律，表現在人的層面就是人世間的倫常秩序。因為它「所常無窮，而一不可待」、「止之於有窮，流之於無止」、「儻然立於四虛之道」，所以似可以「元」統稱之。而實際上，這一章的問答最終歸結於「樂也者，始於懼，懼故祟；吾又次之以怠，怠故遁；卒之以惑，惑故愚；愚故道，道可載而與之俱也」。聞樂之時所經歷的「懼」、「怠」、「惑」等內心狀態，其實正是主體心靈在修道過程中的三種情境。《咸池》之樂的演奏遵循著自然的法式，體現著道體的混沌，正如「徵之以天」、「建之以太清」、「燭之以日月之明」、「調之以自然之命」，所以能夠用以描摹道體，並且作為溝通心與道的媒介。

與此同時，在如此這般的描摹中，莊子後學也更將審美的意境灌注於其中，這就是「天樂」的概念，所謂「天機不張而五官皆備，無言而心悅，此之謂天樂」。總體而言，樂音依循自然、承載道體的另外一重意涵在於賦予宇宙的變化流布以藝術的形式，透過樂音的迴環交錯描繪宇宙的律動與美感，將整個宇宙視作審美的對象。進而，

「無言而心悅」的「無言」義同於「天地有大美而不言」的「不言」，心之所悅的對象即是天地之大美，因為它「動而無方」、「欲聽之而無接」，所以，心悅的前提又在於「天機不張而五官皆備」，也就是「形充空虛」。由此可見，在形體的充盈與心靈的虛明的對照之下，莊子後學敞開的審美場域首先是以心靈的內修作為前提。

可以說，《莊子》以降，這種音樂性宇宙[11]或者美感宇宙的觀念在《禮記．樂記》和〈聲無哀樂論〉中也有不同程度的體現。相較而言，在共同傳承西周禮樂文明的基礎上，孔孟似乎更側重於禮，並在一種差序倫理中申說「禮別異」之旨，而莊子則更側重於樂，並在沒有人我之分、沒有物我之分的意義上理解禮義的功用，正如〈庚桑楚〉篇所說，「至禮有不人，至義不物」，這無疑是「樂統同」的一面。我們說，在道論的統攝下，莊子視域廣大地從天和、人和、心和上溯至天樂、人樂、心樂。而這種天人之際的共通性，又成為〈樂記〉一篇的立論依據之所在，樂的創制與施化進而從廟堂之上外移至天地之間，不斷地趨向並回歸於它最初的源頭——「道」。

（三）「遊心於物之初」——導引出美樂的人生意境

「遊心」是莊子心學中一個十分獨特的概念。所謂「遊心」，不僅是說心靈的自由活動，也蘊含著審美情懷的關照。《莊子》中「遊心」的概念共出現六次，它們所組成的命題分別是〈人間世〉的「乘物以遊心」、〈德充符〉的「遊心乎德之和」、〈應帝王〉的「遊心於淡」、〈田子方〉的「遊心於物之初」以及〈則陽〉的「遊心於無窮」。[12]

在內篇中，「遊心」的命題包含如下的語境意義：①〈人間世〉中「乘物以遊心」與其後的「託不得已以養中」對偶成文。「養中」即保養心性，「乘物」有與物偕行之意，而「託不得已」則代指我們置身於其中的人間世，也就是「天下有大戒二：其一，命也；其二，義也」。由此可見，「乘物以遊心」指的是隨順情勢的變化，以保

11. 參見張法《中國美學史》，四川出版集團、四川人民出版社，二〇〇八年版，第六六—七〇頁。
12. 〈駢拇〉的「遊心於堅白同異之間」在否定的意義上使用「遊心」，我們暫且不予討論。

養心性為原則而悠遊自適於人世間。這無疑是對生命本身的內涵與價值的肯定。②〈德充符〉中「遊心於德之和」關聯著「萬物皆一」、「視其所一」的認知視角。事實上，在事事物物的差別中體認到它們根源性的一體與同通，這本身已經從認知的領域跨越到審美的範疇，所謂「天地與我並生，而萬物與我為一」（〈齊物論〉）。因此，這裡的「遊心」，其處所或境況即是審美主體的和諧心境，是內德充實的自然湧現。③〈應帝王〉的「遊心於淡」與「合氣於漠」相呼應，在治理天下的語境中，指的是以開闊、寬容的心境施行順應民情的原則。顯然，內篇所見的三處「遊心」之命題，其共同的趨向，一是致力於營造一種審美的觀感，二是揭示美之發端在於主體的內在心境，特別是心神安然自適的情態。進而，心神的自適、和諧與虛靜能夠點化困頓的現實與妄為的施政。

在外篇中，「遊心」的命題由個體生命的情狀，漸漸地擴展到跨越時空的道境。這一點在〈田子方〉「遊心於物之初」的主題中表現得尤其明顯，「物之初」即指「道」，審美心的發顯便由內在的生命拓展到了無窮的天地和宇宙，這就是「心通道境」。在寓言中，老聃從如下的幾個方面描繪了「遊心」之所：其一，道不在思處分辨和名言概念中（「心困焉而不能知，口辟焉而不能言」）；其二，道無形無為卻賦予萬物以秩序性（「至陰肅肅，至陽赫赫；肅肅出乎天，赫赫發乎地；兩者交通成和而物生焉，或為之紀而莫見其形。消息滿虛，一晦一明，日改月化，日有所為，而莫見其功」）；其三，道是超絕於時空的無限性存在（「生有所乎萌，死有所乎歸，始終相反乎無端而莫知乎其所窮」）。

同樣地，〈則陽〉篇的「遊心於無窮」也正是在這一層含義上表述遊心於道的情境，也就是「至美至樂」之境。它訴說著一種美樂的人生境界，一種藝術的美感情懷，即所謂「夫得是，至美至樂也。得至美而遊乎至樂，謂之至人」。由此可見，莊子後學不僅強化了審美對象與認知對象的差別，甚至也強化了體道過程與審美過程之間的關聯。換言之，審美的活動直接地指向了道的秩序性（美）與節奏感（樂）。

《莊子》審美空間的外移，如外雜篇一再所說的「天地有大美而不言……萬物有成理而不說」（〈知北遊〉）、「原天地之美而達萬物之理」（〈天下〉）、「淡然無極而眾美從之」（〈刻意〉），是一個從道之美、天地之美到人性之美的昇華過程，我們可以從中深深地體味莊子達觀的藝術人生。可以說，莊子的美意情懷深刻地影響了後世士人階層的審美偏好，其品類之盛不止於山水，也擴展至園林，並以書畫、詩詞、歌賦等雅致的形式表現之；不止於哲理之思，莊子的美感體驗更貫穿於文學、藝術等多個領域，最終匯合成為中國文人群體的莊子式的生活方式。

（本文原爲二〇一六年三月二十四日北京大學宗教文化研究院舉辦的「虛雲講座」第三十三講的演講稿，後刊於李四龍主編《人文宗教研究》總第八輯，宗教文化出版社，二〇一六年版）

莊子論
人性的真與美

前言

先秦人性論史上，眾所周知，孟子倡性善、荀子言性惡，本文則以性真為主題，[1]論述莊子學派的人性之真與美。

孟、莊同時代，身處戰國中期，是為儒、道思想發展的高峰期。徐復觀先生《中國人性論史》這部專著，便以孔孟老莊並重而進行論述。徐先生大作中曾說到：「古代整個文化的開創、人性論的開創，以孔孟老莊為中心；似乎到了孟莊的時代，達到了頂點。」[2]此言甚是。然而，通覽當代學者有關先秦人性論課題的討論，幾乎多集中在孟子的觀點上，連在當時以及漢代影響較大的荀子都被邊緣化，至於莊子有關人性論的觀點則更罕見學者論及。[3]這是促使我撰寫莊子人性論的主要動機。

人性論在內容上，有心、性、情、欲等主要議題。有關「心」的議題，我已發表專文〈開放的心靈與審美的心境——《莊子》內篇的心學〉，[4]接著擬分篇論述莊子有關「性」、「情」議題的文章。

長期以來，我十分關注莊子「性情不離」的重要命題，這一觀點與宋儒程朱學派之揚性抑情而導致情性割裂的偏頗學說形成鮮明的對比。程朱理學在理氣二元的理論架構

1. 孟、莊同時代，在人性論的議題上，前者揚性善，後者言性真，成有趣而鮮明的對比。顧炎武說：「五經無『真』字，始見於老莊之書。」（《日知錄》卷十八〈破題用莊子〉）查《論》、《孟》未見「真」字，故而申論道家彰顯人性之真，在古代哲學史上別具意趣。
2. 徐復觀《中國人性論史·先秦篇》，東海大學，一九六三年版，第四六頁。
3. 有關莊子人性論的著述，為數不多。本人所見期刊論文有：金春峰〈莊子對人類自由本性的探索及其貢獻〉（載於《國故新知——中國傳統文化的再詮釋》，北京大學出版社，一九九三年版）；陳靜〈「真」與道家的人性論〉、〔韓〕李康洙〈莊子的心性觀〉（兩文刊於陳鼓應主編《道家文化研究》第十四輯，生活·讀書·新知三聯書店，一九九八年版）。學位論文如：林明照〈莊子「真」的思想析探〉（台灣大學哲學研究所碩士論文，二〇〇〇年六月）；蔡妙坤〈《莊子》論「情」〉（台灣大學哲學研究所碩士論文，二〇〇七年六月）。
4. 拙著〈開放的心靈與審美的心境——《莊子》內篇的心學〉，分為上、下兩篇，分別發表於《哲學研究》二〇〇九年第二期、第三期。

下，還提出「存天理，滅人欲」[5]的主張，遂產生「尊性黜情」的嚴重後果。[6]反觀王安石的「性情一體」說，與莊子主張「情性不離」（〈馬蹄〉）正是遙相呼應，這引起我對王安石人性論的極大關注。

王安石批評孟、荀性善、性惡之說而提出性情一體說，他說：「性、情一也。世有論者：『性善、情惡。』是徒識性情之名，是不知性情之實也。喜怒哀樂好惡欲，未發於外而存於心，性也。喜怒哀樂好惡欲，發於外而見於行，情也。」「性者情之本，情者性之用。故吾曰：性情一也。」（〈性情〉）王安石從自然人性論的角度指出，人的自然本性無所謂善惡。他說：「性生情，有情然後善惡形焉，而性不可以善惡言也。」（〈原性〉）蘇東坡也說：「情者，性之動也。……性之與情，非有善惡之別也。」（《東坡易傳》卷一）

有關中國心性論的討論，在哲學史家與正統學者的影響下，習以為常地將程朱獨斷論的道德形上學高拔，並將孟子泛價值主義的思維擴大化，形成單一化的人性論史觀，[7]以至於《莊子》「性情不離」與王安石「性情一體」的學說，長期被掩沒。學界中這類習見盲點，不由得使我想起莊子〈逍遙遊〉的一句話：「豈唯形骸有聾盲哉？夫知亦有之！」這是我撰寫莊子人性論的另一個主要動機。

宏觀地審視中國人性論史，有幾個重要的論題值得我們重新思考，此處僅舉兩例為說。

5. 朱熹繼承二程的主張說：「聖賢千言萬語，只是教人明天理、滅人欲。」（《語類》卷十三）

6. 「尊性黜情」一詞見於張麗珠著作，其書中說到：「朱熹等理學家所建構的以周敦頤、二程……『道統』說下，長時期偏落在儒學主流的思孟、理學一系上，更因程朱主流理學採『心、性、情三分』立場，儒者亦多『尊性黜情』地主張『性其情』、以性約情，未能正視情欲。這不但影響學界長期以來對於情欲採取蔑視態度，也更助長儒學『諱言利』的非功利傾向。」參見《中國哲學史三十講》，里仁書局，二〇〇七年版，第四八頁。

7. 當代學者在討論古代人性論時，還習於將事實陳述與價值判斷相混淆，如心理學學者江光榮指出：「在談論人性論的長遠傳統中，經常會發現學者們犯一個錯誤，那就是把事實判斷與價值判斷相混淆。在講人性是什麼，是怎麼樣的，有哪樣一些特點，這樣一些屬於事實判斷的範疇的時候，不自覺地滑到去談人性是善還是惡，某些行為傾向是反社會還是親社會，是好還是壞等等。例如中國哲學從孟子、荀子以來綿延不絕的性善性惡的爭論，往往就陷入這個誤區。」參見江光榮《人性的迷失與復歸——羅傑斯的人本心理學》，貓頭鷹出版社，二〇〇一年版，第七一頁。

其一，哲學史上自告子、莊子至北宋王安石、蘇軾，以至明末清初王夫之、戴震，皆屬廣義自然人性論者。

在人性論的課題上，北宋時代是繼先秦開創期之後的另一個高峰，而北宋諸子中，王安石與蘇軾對孟子人性說都有精闢的評論，[8]他們的自然人性觀和二程「存天理，滅人欲」以及情性割裂的論點迥然不同。[9]程朱學派「理」「欲」二元割裂的弊害，到明末清初時引發諸多論者的批評與反省。如王船山提出「理欲合性」說，強調「理欲皆自然」（《張子正蒙注》卷三）；戴震在喊出「以理殺人」[10]呼聲的同時，並提出「理者存乎欲」（《孟子字義疏證》卷上），以糾正程朱理欲觀的缺失。[11]

綜覽宋明諸哲，自王安石、蘇東坡至王船山、戴震，有關心性議題的論述都屬於廣義自然人性論，在學譜上可謂接續先秦自然人性論的思想脈絡而發展。

其二，自然人性論為先秦心性論與情性論之主軸。

現存文獻明確地顯示出，先秦自然人性論的一條主線是，自孔子「性相近也，習相遠也」（《論語．陽貨》），經告子「生之謂性也」（《孟子．告子上》），再到莊子「性者，生之質」（《莊子・庚桑楚》）及荀子「不事而自然謂之性」（《荀子・正名》）。這一系列自然人性論的主張，成為先秦人性論的主軸。而新近公布的郭店楚簡《性自命出》突出人性論中「情」的主題，上博《恆先》則論及人性論中「欲」

8. 王安石〈原性〉篇批評孟子人性觀點時說：「孟子言人之性善……夫太極生五行，然後利害生焉，而太極不可以利害言也。」「孟子以惻隱之心為性者，以其在內也。夫惻隱之心與怨毒忿戾之心，其有感於外而後出乎中者，有不同乎？」蘇軾也指出孟子性善論的缺失說：「昔者孟子以善為性，以為至矣，讀《易》而後知其非也。孟子之於性，蓋見其繼而已。夫善，性之效也。孟子不及見性，而見夫性之效，因以所見者為性。」（《東坡易傳》卷七）

9. 如蘇東坡說：「人生而莫不有飢寒之患，牝牡之欲……男女之欲，不出於人之性，可乎？」（《經進東坡文集事略》卷八）余敦康曾指出：「蘇東坡在〈揚雄論〉一文中明確指出，這種自然本性就是人的飲食男女的生理本能，無論是聖人還是小人，都以這種生理本能作為自己的人性的本質。」相關論述請參閱余敦康所著《內聖外王的貫通——北宋易學的現代闡釋》第四章〈蘇軾的《東坡易傳》〉，學林出版社，一九九七年版，第九一—九二頁。

10. 戴震說到：「人死於法，猶有憐之者；死於理，其誰憐之！」（《孟子字義疏證》卷上）「此理欲之辨適成忍而殘殺之具。」（《孟子字義疏證》卷下）

11. 戴震對於程朱理學關於「性」的質疑與批評，可參看蔡家和〈戴震對於程朱論性的質疑與批評〉，收錄於《華梵人文學報》第十三期（華梵大學文學院，二〇一〇年），第一八七—二〇七頁。

的議題，更加強了自然人性論在先秦人性論中的主體地位。[12]

在周代人文思潮的激盪下，到了孟、莊時代，人性論已成為哲學思考的中心問題。透過孟、莊的對比，《莊子》人性論有著兩大特色：其一，由人性的本原特質來說，孟子的性善與莊子的性真形成兩種不同的論述方向；其二，由人性背後的形上學根據而言，莊子的人性論系統地由形上道德論引申出來，而孟子的學說則尚未建立明確的形上理據。

一、以道德論為根基的性命說

人性起源及其本性為何的論題，在春秋末的老、孔時代並未被顯題化，僅呈現出隱含性的思想觀念；心性問題被顯題化而成為顯明性的概念，要到戰國中期的告子及孟、莊諸子。

告子可以說是中國人性論的開創者，他對人的本性以及人性起源提出了系統性的論述，而且在心性修養工夫上也有特出成就，連孟子都承認「告子，先我不動心」（《孟子．公孫丑上》）。在思想史上，告子最早為人性下界說，他說，「生之謂性」，「食色，性也」（《孟子．告子上》）。告子不同意將社會倫理價值判斷黏附在人的本性上，他說：「以人性為仁義，猶以杞柳為桮棬。」（同上）其後莊子學派承繼告子「生之謂性」而提出「性者，生之質」（《莊子．庚桑楚》）。告子和莊子對人性本質的看法，都屬於自然人性論的主張。以下專就《莊子》兩處對人性的界說進行解析：

12.《性自命出》全篇的論點都持著自然人性論的觀點，開篇便說：「凡人雖有性，心無定志，待物而後作，待悅而後行，待習而後定。喜怒哀悲之氣，性也。及其見於外，則物取之也。」《恆先》篇說「生其所欲」、「復其所欲」。詳參拙文〈楚簡《恆先》之宇宙演化論及異性復欲說〉，收入拙著《老莊新論》（北京商務印書館，二〇〇八年修訂版）。

（一）「性者，生之質」——人性中之共性界說

戰國中期以後，儒家以社會積習的善、惡價值判斷附著在人性論上的觀點，引起所謂性善與性惡的爭論。道家莊子和儒家孟、荀相比，在人性上的最大不同有兩個方面：一是以人類受命成性之初的真樸狀態為人的本性實情；二是以人性論為人生論的基礎，而人性論的建立有待於哲學形而上學作為其根據。

莊子學派人性論中的性命說，乃由其道德論引申出來。[13]孟子有關人性的議論，尚未明確地建立起哲學形上學為其理論根據，這是孟學和莊學在人性論上最大的不同處；而儒家的心性論，要到一千多年後的宋代儒學，才從先秦道家移植本體論為其理論之最後保證。

早於孟、莊的告子，肯定人有共性，並認為人性是生而具有的本能。莊子學派則於〈庚桑楚〉對人性做哲學性的解說，提出人性為生命本質的界說。《莊子》在為人的本性下界說時，都會在它的道德論的語境意義下提出。讓我們先看〈庚桑楚〉的論述：

蹍市人之足，則辭以放驁，兄則以嫗，大親則已矣。故曰，至禮有不人，至義不物，至知不謀，至仁無親，至信辟金。

徹志之勃，解心之謬，去德之累，達道之塞。貴、富、顯、嚴、名、利六者，勃志也。容、動、色、理、氣、意六者，謬心也。惡、欲、喜、怒、哀、樂六者，累德也。去、就、取、與、知、能六者，塞道也。此四六者不盪胸中則正，正則靜，靜則明，明則虛，虛則無為而無不為也。

道者，德之欽也；生者，德之光也；性者，生之質也。

上文所引第一段，列舉人類最高的道德行為——「至禮」、「至義」、「至知」、

13.「莊子由道德論引申出性命說」的觀點，請參看蕭漢明《道家與長江文化》第二章〈莊子的自然哲學與社會思想〉第一節「莊子的性命說與觀物論中的道性二重觀」之二「莊子性命說的理論構架」（《道家與長江文化》，湖北教育出版社，二〇〇四年版，第八七—九一頁）。

「至仁」、「至信」，都是人的真性之流露，乃是道在人性上的自然體現。[14]第二大段引文，指出人群之過度物化，導致心性攪擾不安，若要消解意志的悖亂，打開心靈的束縛，去除德性的牽累，打通與大道之間的阻塞，則必須從心性修養上下工夫，因而提出「靜」、「正」、「虛」、「明」等修養工夫。

最後一節，提出有關人性界說的語境意義，值得注意的有兩點：其一，由道德觀引申出人性說；其二，「性者，生之質也」的哲學命題與告子「生之謂性」說，為同一思想脈絡的發展，兩者都主張善惡的道德觀念並非人性自然之質，乃是在後天社會生活中形成的。而莊子學派更在告子以人的生理與心理本能言「性」的基礎上，將人性議題提升到生命本質的哲學層次，並將人性論放置在形上學的根基上進行討論。這在〈天地〉「泰初有無」一段討論性命之根源於道德論的論述中，尤為顯明。

（二）「形體保神，各有儀則，謂之性」——人性中之殊性界說

〈天地〉篇「泰初有無」一段，表面上看似在詮釋《老子》第四十章、四十二章

的「道生萬物」說，但主旨則是由道德論引申出性命觀，從而為人性的本源、本體尋找到形上學存在的根據。原文徵引如下：

泰初有無，無有無名，一之所起，有一而未形。物得以生，謂之德；未形者有分，且然無間，謂之命；留動而生物，物成生理，謂之形；形體保神，各有儀則，謂之性。性修反德……通乎大順。

此章認為萬物演化的過程是由無到有，而且是一個循環往復的運轉過程，這過程經歷著德、命、形、性幾個階段。茲依文序將道的創生歷程中的幾個重要概念解說如下：①宇宙始源「無」只是渾然一體，無形無狀（「有一而未形」）。「泰初有無」的「無」，乃是喻指道之無意志性、無目的性、無規定性；所謂「一」則意指道的整

14. 參看姚漢榮、孫小力、林建福《莊子直解》，上海復旦大學出版社，二〇〇〇年版，第六二九頁。

全性以及萬物的一體性。②萬物得道而產生，稱為「德」（「物得以生，謂之德」）。稷下黃老道家進一步闡釋「德」乃道的體現，萬物藉它得以生生不息地運行著（《管子．心術上》云：「德者，道之舍，物得以生生」），莊子在〈大宗師〉就直接稱道為「生生者」。③在道的創生歷程中，由渾一狀態開始分化，「德」雖然和「道」一樣的未成形體，但已開始有著陰陽的區分（「未形者有分」），保持著流行無間的狀態，而且有機地聯繫著，這叫作「命」。④道是不斷地變動、分化而生物的，物形成了各自的生理結構（「物成生理」），這叫作「形」。⑤形體中寄寓著精神，各物具有自身的存在樣態，這叫作「性」（「形體保神，各有儀則，謂之性」）。

以上《莊子》有關道德與性命等諸多概念的論述，乃是在《老子》道德論的基礎上，進一步探尋萬物生存的內在根據和萬物千差萬別的成因。這一思維方式，是哲學史上跨時代的里程碑，也是哲學史上的一大躍進，為日後宋明儒學尋找形上道德根源時所吸納。

二、由「道之真」及「法天貴真」論人性之真

《莊子》的性真說與《老子》一脈相承，在文獻上可得到充分的印證。《老子》言「真」僅有三處，從道體之真（見二十一章）、本性之真（見四十一章）到行為修養之真（見五十四章）。《莊子》言「真」多達四十五見，與人的本性有關者，可分為這樣幾個不同的層次，即從道體之真（「道之眞」）到本性之真，再從德行修養之真（如「緣而葆眞」）到審美心境之真（「采眞之遊」）。下面讓我們從「道之真」及「法天貴真」以論人性之真為說，依次闡述如下。

15. 蕭漢明在〈莊子的自然哲學與社會思想〉中說：「物成則各自具備了一定的長短、高下、精粗、堅脆、紋理等特徵，這就是人們通常所說的『形』。」參見《道家與長江文化》，第九〇頁。

（一）「道之真」——作為人的本性之真的存在根據

1.「道之真以治身」——道的精華用以修心養性

如前所論，莊子人性論乃放置在形上道論的根基上進行論述，如人性尚真說正是如此。莊子學派將人性之真和「道之真」做了緊密聯繫。

〈讓王〉篇中莊子學派提出一句醒目又發人深省的話：「道之真以治身，其緒餘以為國家。」[16]作者目睹上流社會群起「危身棄生以殉物」有感而發，因而使用「隋珠彈雀」[17]的典故，譬喻生命比外物更為重要，強調生命重於一切。

從道的立場強調生命重於一切，是先秦道家各派的基本觀點。從《老子》開始，就強調道德的創生和畜養功能（五十一章「道生之，德畜之」），《列子》論及道的作用時說「不生者，能生生；不化者，能化化」（〈天瑞〉），因而《莊子》稱道為「生生者」（〈大宗師〉），稷下道家也說「德者道之舍，物得以生生」（《管子．心術上》）。「道」生生不息之意涵，是南北道家的共同主張。

「道之真以治身」，莊子學派以提升個人的生命境界為首要，這一思想觀念遍見於《莊子》全書。司馬談〈論六家要指〉說：「夫陰陽、儒、墨、名、法、道德，此務為治者也。」百家學說雖異，但都在於治理天下。這個見解可用在孔、墨、孟、荀諸子，也可用在老聃思想上，但卻不合莊子的基本主張。莊子學說以內聖為首要，外王次之，思路十分明確。〈讓王〉即辭讓王位，篇中多藉辭讓名位、利祿表達生命的可貴。該篇雖然是莊周後學之作，但也合乎內聖重於外王的思路。莊周的內聖之學，要在開拓生命的內涵，提升精神的境界，並在天人關係中保持本真的生活型態。

2.「無以人滅天，是為反其真」——在天人關係中持守本真的生命

16.〈讓王〉：「道之真以治身，其緒餘以為國家，其土苴以治天下。由此觀之，帝王之功，聖人之餘事也，非所以完身養生也。今世俗之君子，多為身棄生以殉物，豈不悲哉！」見拙著《莊子今註今譯》，臺灣商務印書館，一九九九年版，第七六九頁。

17.〈讓王〉：「以隋侯之珠彈千仞之雀，世必笑之，是何也？則其所用者重而所要者輕也。夫生者，豈特隋侯珠之重哉！」

〈秋水〉和〈大宗師〉篇中，一再提出「反其真」的呼聲，如〈大宗師〉在討論死生關係時，提出「反其真」的觀點，意指個體生命回歸到宇宙生命；〈秋水〉在論及天人關係時，再度提出「反其真」的主張，強調人們要持守天真的本性。

〈秋水〉篇海神與河神對話的寓言，共七問七答，七次對話疊進式地打開人們的思想視野。第七次的對話推進到天人關係，其文曰：

牛馬四足，是謂天；落馬首，穿牛鼻，是謂人。故曰，無以人滅天，無以故滅命，無以得殉名。謹守而勿失，是謂反其真。

在此處的語境意義中，「天」指的是生命自然的樣態，如「牛馬四足」，而所謂「人」則有其特殊的意涵，乃在指陳人類自我中心主義，造成了對其他生命的毀傷（「落馬首，穿牛鼻」）。此段在天人關係中提出「無以人滅天」的原意，就是不要以人類自我中心的想法，去框架萬物或天地，這樣只會破壞天地萬物自然本真的天性。[18]

〈天道〉篇所說體道至人「極物之真，能守其本」，[19]論及道德與仁義、禮樂關係，為體用本末的關係；以道、德的自然真樸為本，以仁義、禮樂的人為造設為末，而持守道物之本真為最後關鍵。〈達生〉篇中，莊子再度呼籲人們持守本真的生活：「不厭其天，不忽於人，民幾乎以其真！」這裡莊子要人們尊重天的本然性，同時要大家不忽視人為的重要。天人之間，應尋求一個可以和諧共生的方法，這個方法的答案就是「民以其真」——人們依其自然真性去生活。

18. 荀子和郭象曾就〈秋水〉第七次對話中的天人關係發表了重要的解讀。然莊子所謂「無以人滅天」，並非如荀子所言的「蔽於天而不知人」（《荀子．解蔽》），而在破除人類自我中心主義。誠如楊國榮所言：「從實質的層面看，莊子並沒有簡單地漠視人及其存在價值……荀子批評莊子『不知人』，似乎並不全面。」（參見《莊子的思想世界》，北京大學出版社，二〇〇六年版，第二頁）郭象《莊子注》在注解此段時說：「人之生也，可不服牛乘馬乎？服牛乘馬，可不穿落之乎？牛馬不辭穿落者，天命之固當也。苟當乎天命，則雖寄之人事，而本在乎天也。」郭象將人類的需求，強加於萬物的自然本性之上，實際上是誤讀了莊子的原意。詳參拙著〈從「得意忘言」的詮釋方法到譜系學方法的應用〉，刊於劉笑敢主編《中國哲學與文化》第四輯（廣西師範大學出版社，二〇〇九年版）。

19. 《莊子．天道》：「夫道……極物之真，能守其本……通乎道，合乎德，退仁義，賓禮樂，至人之心有所定矣。」

（二）「真性」、「法天貴真」——性真論的重要觀點

1.「真性」——至德之世的「天放生活」

道家人性論議題始於《莊子》外篇。〈駢拇〉列外篇之首，有學者指出這是一篇道家的人性論。[20]從〈駢拇〉、〈馬蹄〉到〈在宥〉，常被學界視為內容相連的一組文章，其主題在於闡揚任情率性與安情適性，[21]本文此處以〈駢拇〉、〈馬蹄〉兩者合而觀之，論述其「真性」、「任情」的主旨，進而倡導本真自我以及個體生命殊異性的特點。

〈駢拇〉、〈馬蹄〉在論述時，正反兩面交互並行，一般讀者都只注意它們對現實批判性的一面，[22]經常忽略其正面的意涵。故此處側重從正面角度闡述其要點如下：

①〈駢拇〉首章便提出「道德之正」而「仁義之用」的觀點，這裡蘊含著以老莊的「道德」為體、儒家的「仁義」為用之體用關係，同時也隱含著「道德」為「仁義」之存在根據的觀點。

②〈馬蹄〉明確提出「性情不離」的重要命題。如前文所述，《莊子》「性情不離」

說和王安石「性情一體」說，在思想發展上具有一脈相承的關係，而與漢儒董仲舒、宋儒程朱之「尊性黜情」學說形成鮮明的對比。

③〈駢拇〉在關注人類共通天性的同時，也突顯萬物各具獨特屬性的觀點，以「鳧短鶴長」[23]的著名比喻，闡述物性各殊的主張；並強調率性任情，而提出「任其性命之情」這一放意肆志的主張。

④〈駢拇〉發出「仁義其非人情」這一呼聲，強調人倫關係須建立在真情至性的基礎上，認為仁義道德的實踐，必須合於人性和人情的內在需求。

⑤〈馬蹄〉深感人間權力的濫用、規範主義的強人就範，已經嚴重地戕害生靈、扭

20. 曹礎基《莊子淺注》，中華書局，二〇〇二年版，第一一九頁。
21. 參考陳鼓應《老莊新論》，第二六九頁。
22. 外、雜篇中諸多批評儒家仁義禮樂之教對人性的禁錮，反映了它那時代的特殊現象。
23. 〈駢拇〉：「彼至正者，不失其性命之情。故合者不為駢，而枝者不為跂；長者不為有餘，短者不為不足。故鳧脛雖短，續之則憂；鶴脛雖長，斷之則悲。故性長非所斷，性短非所續，無所去憂也。」

曲人性，因而以「真性」、「常性」的天放生活為主題，憧憬著人性最純真時代的生活情境。〈馬蹄〉篇對理想國「至德之世」的描繪有兩個重點：其一，人民行為質重、樸拙無心（「其行填填，其視顛顛」）。在那個時代，人們過著自然適意的生活（「禽獸可係羈而遊，烏鵲之巢可攀援而闚」），所謂「同與禽獸居，族與萬物並。惡乎知君子小人哉！同乎無知，其德不離；同乎無欲，是謂素樸；素樸而民性得矣」。莊子學派提倡不用智巧、不貪欲（「無知」、「無欲」），以解消現實社會中的矛盾對立，泯除階級之別，進而以人與萬物共生並存的大同世界來描繪理想國度，這可說是「齊物」精神的極致表現。其二，〈胠篋〉復以老子對「小國寡民」的描繪來寄望於「至德之世」的生活情景：「民結繩而用之，甘其食，美其服，樂其俗，安其居，鄰國相望，雞狗之音相聞，民至老死而不相往來。」這種桃花源式的理想情境，[24]在《列子．湯問》中也有相似的描述：在一個不知名的國度裡，人民性情和婉不愛爭鬥，人們整日開心地歌唱，餓了就飲用泉水度日，人我之間沒有上下貴賤的分別，一派寧靜祥和。[25]《列子》和《莊子》通過對簡單自足的物質生活的具體描繪，來表現理想國度的和樂景象，以人性的純真質樸為基礎，營造出理想的樂園。這種解消對立、反璞歸真的生活型態，可說是陶淵明〈桃花源記〉的濫觴。

〈馬蹄〉開篇就以馬之真性喻人的性真，描繪人群過著自足的生活，人民的行為淳厚、樸拙自在。[26]老子崇尚「見素抱樸」（〈十九章〉），莊子學派繼而主張「素樸而民性得」（〈馬蹄〉），以樸質為真，以樸質為美，[27]這就是道家所倡導的真情至性的人生寫照。

24. 陶淵明〈桃花源記〉對桃花源的景象有這樣的描述：「有良田、美池、桑竹之屬。阡陌交通，雞犬相聞。其中往來種作，男女衣著，悉如外人；黃髮垂髫，並怡然自樂……自云：先世避秦時亂，率妻子邑人來此絕境，不復出焉，遂與外人間隔。問『今是何世？』乃不知有漢，無論魏晉。」

25. 《列子．湯問》：「當國之中有山，山名壺領，狀若甔甀。頂有口，狀若員環，名曰滋穴。有水湧出，名曰神瀵，臭過蘭椒，味過醪醴。一源分為四埒，注於山下；經營一國，亡不悉遍。土氣和，亡札厲。人性婉而從物，不競不爭。柔心而弱骨，不驕不忌；長幼儕居，不君不臣；男女雜遊，不媒不聘；緣水而居，不耕不稼；土氣溫適，不織不衣；百年而死，不夭不病。其民孳阜亡數，有喜樂，亡衰老哀苦。其俗好聲，相攜而迭謠，終日不輟音。飢惓則飲神瀵，力志和平。過則醉，經旬乃醒。沐浴神瀵，膚色脂澤，香氣經旬乃歇。」

26. 〈馬蹄〉：「彼民有常性，織而衣，耕而食……其行填填，其視顛顛。」

27. 〈天道〉：「樸素而天下莫能與之爭美。」

2.「法天貴真」——真情源於天而內在於人之本性

莊子「性真」說由性情的真偽之分，進而倡言情性真切足以感人的道理，〈漁父〉篇中有一段精闢的論述：

> 真者，精誠之至也。不精不誠，不能動人。故強哭者雖悲不哀，強怒者雖嚴不威，強親者雖笑不和。真悲無聲而哀，真怒未發而威，真親未笑而和。真在內者，神動於外，是所以貴真也。
>
> 禮者，世俗之所為也；真者，所以受於天也，自然不可易也。故聖人法天貴真，不拘於俗。

上引兩段文字中的「貴真」思想為古代文獻中首見。後人以未受禮俗習染的本性為「天真」的觀點本於此；以心地真淳出於自然為「天真爛漫」，亦源於此。這兩段的「貴真」說具有開創性的意義，故分別闡述之。

①首則闡言真性感人、真情動人之精闢言論，在後代文學領域中獲得了巨大的回響：如《文心雕龍．情采》繼之而提出「文質附乎性情」、「情者文之經」、「為情而造文」、「依情待實」、情重於采等重要主張，陶淵明的詩被評為具有「一語天然萬古新，豪華落盡見真淳」的文字風格，[28]乃至李贄的「童心」說，[29]皆與老莊真性思想具有一脈相承的聯繫。《莊子》「貴真」說所強調的真情的動人力量，對文學創作中強調真情實感產生重要作用。

②引文第二小段「禮者，世俗之所為也；真者，所以受於天也」，有兩層重要的意涵。其一，指出外在的禮和內在的真的區別，這區別代表了儒道兩家各自側重的內涵。戰國中後期，儒者在維護禮制文化的呼聲中，逐漸離開原始儒家正心誠意而趨於世俗之禮，形成繁文縟節，這與莊子後學對於情真意切的內在追尋有著顯著的區別。

28. 金代元好問在《元遺山集．論詩絕句三十首》中對陶淵明的評論，亦正合於《莊子》貴真的意旨。

29. 明代李贄提出「童心說」，在〈焚書〉中說到：「夫童心者，真心也……若夫失卻童心，便失卻真心；失卻真心，便失卻真人。」參看朱良志編著《中國美學名著導讀》（北京大學出版社，二〇〇四年版，第一九二頁）。

後代文學上的「童心」說、「性靈」說以及「真趣」說，[30]都與《莊子》情真意切的觀點有深刻的關聯。其二，「法天貴真」之說，再度體現了莊學在天人關係中「以其真」、「反其真」的主張，「真」為人的實質之性，它源於天而內在於人。[31]

〈漁父〉篇中由人的本性談真情之可貴，同時論及「修身守真」。漁父和孔子的寓言還提出「處靜息影」的方法，[32]處靜是修身守真修持的基本方法。這個方法在〈天地〉、〈庚桑楚〉為人性下界說時已有所論及，下面進一步闡述之。

三、「性修反德」的修持工夫與境界

（一）「虛」、「靜」、「明」的修為方法

人類面臨席捲而來的物化浪潮，面對日益束縛人心的人倫規範之異化趨勢，「性

修反德」的呼籲遂成為莊學在人性論議題上所提出的重大課題。

莊子在〈天地〉與〈庚桑楚〉中為人性下了明確的界說，同時言及心性持修工夫的問題。〈天地〉提出「性修反德」的主張，即是通過修養心性的方法，逐步將人的精神層次提升到「德」的最高境界。〈庚桑楚〉中進而具體地提及「正」、「靜」、

30. 「性靈」說和「真趣」說皆為明代公安派袁氏三兄弟所提出，認為文藝主要是表現「性靈」，而「性靈」就是人的本色；主張寫詩不應受倫理的制約，應以情感性靈為主，說到：「獨抒性靈，不拘格套，非從自己胸臆流出，不肯下筆。」（《袁中郎全集》第三卷〈序小修詩〉）袁宏道認為「趣」是情、景交融所產生的一種美感體驗。他以純真為「趣」的出發點，以「趣」為真性的表現。參看方克立主編《中國哲學大辭典》，中國社會科學出版社，一九九四年版，第四六九、五七二頁。

31. 參看楊國榮《莊子的思想世界》，第二六—二九、四八—五二頁。

32. 〈漁父〉：「人有畏影惡跡而去之走者，舉足愈數而跡愈多，走愈急而影不離身，自以為尚遲，疾走不休，絕力而死。不知處陰以休影，處靜以息跡……謹修而身，慎守其真，還以物與人，則無所累矣。今不修之身而求之人，不亦外乎！」

「明」、「虛」的修養工夫。[33]

「虛」、「靜」、「明」成為中國哲學史上的重要範疇，最早見於《老子》。從老子開始，「虛」、「靜」便成為道家心學修養論中的核心概念，而「明」的概念成為心境和思維感通之況喻，則始於莊子。[34]

徐復觀說：「虛靜是道家工夫的總持，也是道家思想的命脈。」[35]徐先生說得好，可惜未即展開論述。「虛」、「靜」等人生修養方法以及「復性」（「復命」）工夫，創始於老子，莊子繼之，有著更大的補充和發展。下文依次申述之。

1.「虛」：「唯道集虛」

在中國哲學史上，《老子》首先將「虛」與「心」聯繫起來，他說「虛其心，實其腹」（第三章）。虛心的修養，在消極方面是去除主觀成見，積極層面則是擴大心胸的涵容性。老子還將「虛」與動、靜觀念結合，[36]其「虛靜」的修養工夫對後代的影響至為深遠。[37]

老子虛靜說著稱於世，但《莊子》內篇中「靜」的概念卻未得一見。[38] 對比之下，內篇著力於發揚「虛」的觀念，突出「虛其心」——闡發「心靈」的開闊性。如〈齊

33. 修養工夫上，儒道兩家皆有論及，正如徐復觀先生所說：「人性論的工夫，可以說是人首先對自己生理作用加以批評、澄汰、擺脫；因而向生命的內層迫進，以發現、把握、擴充自己的生命根源、道德根源的……以孔孟老莊為中心的人性論，是經過這一套工夫而建立起來的。『工夫』一詞，雖至宋明而始顯；但孔子的『克己』及一切『為仁之方』，孟子的『存心』、『養性』、『集義』、『養氣』，老子的『致虛極，守靜篤』，莊子的『墮肢體，黜聰明』，以至『坐忘』，皆是工夫的真實內容。」（《中國人性論史・先秦篇》，第四六〇—四六一頁）案：「工夫」一詞最早出於晉代道家的著作中，首見於葛洪《抱朴子・遐覽》：「藝文不貴，徒消工夫。」

34. 參看涂光社《莊子範疇心解》，中國社會科學出版社，二〇〇三年版，第一一四—一一八頁。

35. 徐復觀《中國人性論史・先秦篇》，第三八三頁。

36. 《老子・第十六章》首句將「虛」與「靜」連言：「致虛極，守靜篤。」〈第五章〉則將「虛」與「動」連言：「天地之間，其猶橐籥乎？虛而不屈，動而愈出。」可見，《老子》書中將天地形容像風箱一樣，因為空間上的虛而能容萬物，萬物在流動之中而有無盡的可能。老子同時提及「虛靜」和「虛動」的觀點，不過，「虛靜」概念的影響則較為深遠。有關道家虛、靜的範疇，請參看涂光社《莊子範疇心解》，第八八—九三頁。

37. 如周敦頤提出「主靜」的觀點，乃深受老子影響。

38. 《莊子》的外篇、雜篇則繼承老子思想，出現「虛」、「靜」連結的複合詞。

物論〉開篇提出「眾竅為虛」——形象化地描寫開放心靈所發出的言論，具有特殊的意義與價值。對應於「眾竅為虛」，莊子接著提出「莫若以明」，描繪開放的心靈可以如實地反映外在多彩的世界。

〈人間世〉在著名的「心齋」學說中，進而提出「唯道集虛」的重要命題，主旨是在表述心透過「聽之以耳」，歷經「聽之以心」、「聽之以氣」，達到與道結合的境界（「唯道集虛」）。所謂「唯道集虛」，意指透過心的專一，心靈就能與道結合，道就能落到虛的心境上。「心齋」的境界需要經過層層的磨練方能達到，有三個修養的工夫：第一是「一志」，第二是「止念」，第三是「集虛」。[39]「集虛」工夫使耳目內斂，任清虛之氣出入而無所用心，如是心靈不僅能夠明晰透澈地觀照外在的事物，如實地認識外在事物的情狀，而且能夠「徇耳目之內通」——燭照內在的精神活動。

內篇〈應帝王〉強調「虛」的作用時說：「至人之用心若鏡，不將不迎，應而不藏，故能勝物而不傷。」中國文化哲學史上著名的「心鏡」說，便淵源於此，[40]指至人之心能如實地反映外在的客觀事物，且能如實地反映民心所向而廣納民意。[41]

「虛」作為莊子心學的重要概念，由老學的虛心、納諫而凸顯其開廣心靈的涵容性，正如《壇經》所說：「心靈廣大，猶如虛空，無有邊畔。」宋明陸王心學，一方面繼承孟子「萬物皆備於我」的唯我論，宣稱「宇宙便是吾心，吾心便是宇宙」（陸象山《雜說》）；另一方面亦承襲莊、禪，衝破網羅而開拓胸臆的心學。兩者的不同處在於，前者容易由唯我論走向獨斷論，後者（尤其是莊學）則意在破除人的自我中心論。

39. 李德勇〈莊子超越精神賞析〉，收錄於《道家文化研究》第八輯，上海古籍出版社，一九九五年版，第一一八—一二〇頁。

40. 「心鏡說」不僅與禪宗有思想脈絡的連續性，亦為宋明理學與心學所繼承，如程顥《定性書》之「定性」議題及其主旨即源於莊子，舉其要者如：一，「定性」的論題即來自《莊子．大宗師》「無事而生（性）定」；二，《定性書》全文主要用語、概念都出自《莊》書，如「兩忘」、「無情」、「無內外」，而文中「無將迎」出自〈應帝王〉篇末。正如馮友蘭已指出：「程顥所說的『無將迎』出自莊周。」參見《中國哲學史新編》（五），人民出版社，一九八八年版，第一一五頁。

41. 美國學者安樂哲（Roger Ames）與郝大維（David Hall）曾在他們合著的書中說：「道家思想既不消極被動，也非枯寂。水是生命之源；鏡是一種光源；心是一種能夠起改造作用的能量之源。像鏡子那樣去『認知』，不是要重複這個世界，而是要將其投射於某種光亮中。」參見安樂哲、郝大維《道不遠人——比較哲學視域中的〈老子〉》（學苑出版社，二〇〇四年版，第五〇頁）。

2.「靜」：「齋以靜心」

《老子》在動靜相養中，[42]較多地從政治人生談「清靜」、「好靜」（如謂「清靜為天下正」、「我好靜而民自正」）。[43]《莊子》則著意於發揮老子「反（返）者道之動」的觀點，突出宇宙間大化流行以及萬物「無動而不變，無時而不移」的意蘊。不過，莊子在談心性修養時，又特別強調「虛」、「靜」的工夫。如〈德充符〉說：「人莫鑑於流水，而鑑於止水，唯止能止眾止。」[44]這正是談心性的靜定作用，「靜」的工夫才能排除外界的紛擾，使心神專一，思緒凝聚。

老莊「靜」和「虛」的聯繫，不僅在心性的修養上有深遠的影響，在文學、藝術的構思創作上也至關重要，如《文心雕龍》所說「陶鈞文思，貴在虛靜」（〈神思〉）、「入興貴閑」（〈物色〉），這都強調作家構思貴在虛靜，其思想源頭正出於《莊子》。以《莊子．達生》「梓慶為鐻」寓言為例，它描寫藝術創作者由技藝專精而呈現道境的歷練過程，而提出持守聚氣、靜心、凝神等工夫，其中「齋以靜心」是藝術心性修養進程中的一項重要方法。[45]

關於靜觀，〈天道〉篇做了這樣的比喻：「水靜猶明，而況精神！」〈庚桑楚〉亦有言：「靜則明。」「靜」、「明」相連，都在強調透過虛靜工夫，來達到內在明覺的心境。下面我們由虛靜進而談《莊子》「明」的概念。

3.「明」：「莫若以明」

「明」的概念也始於老子，具有多層意涵。一，是認識自己（第三十三章「自知者明」）。其二，是瞭解外在變動的法則（第十六章「知常曰明」），洞察事物運行轉化的機先徵兆（第三十六章「微明」）。其三，是瞭解道的智慧（第二十七章：「襲

42.《老子》動靜相養的觀點，最顯著地表現於第十五章：「孰能濁以靜之徐清，孰能安以動之徐生。」
43.「清靜為天下正」出自《老子》第四十五章，「我好靜而民自正」出自第五十七章。
44.「人莫鑑於流水，而鑑於止水，唯止能止眾止」之「鑑」通「鏡」，指心鏡。「唯止能止眾止」即後代道家、道教所說的收心止念。「止念」的觀念可說萌芽於《莊子》內篇，其後形成道教「煉心」的術語。
45. 老莊虛靜論的影響有兩條進路，一在文學藝術，一在心性修養。而在宋明道學之後，幾乎都由老莊的虛靜論，轉移到道德心性的修養上。

明」）。《莊子》繼承《老子》「微明」、「襲明」的意涵，而提出「以明」、「葆光」、「瞻明」及「朝徹」等認識論中有關人心作用的重要概念。

〈齊物論〉開篇提出「吾喪我」的主旨，接著提出「眾竅為虛」以及後文與之對應的「莫若以明」。所謂「喪我」，意指去除成見之心（「成心」）；所謂「吾」，是由「虛」「明」之心所呈現的開放心靈，使得個體生命可以和宇宙生命的大我相互會通。「吾喪我」之後，緊接著描繪「三籟」的寓言，從「地籟」的萬竅怒呺，到「天籟」的吹萬不同，形象化地隱喻「人籟」百家合唱的情狀。莊子分析當時百家爭鳴的概況時，指出封閉心靈（「成心」）造成了單邊思考，顯現出學派間相互排斥的現象（如謂「故有儒墨之是非，以是其所非而非其所是」）。針對儒墨自是而非他之囿於「成心」的流弊，莊子於是提出「莫若以明」的思維方式來觀照事物。

莊子的「以明」猶如老子的「玄覽」，意指心鏡的觀照。「以明」之心，乃通過虛靜的工夫，在消極方面去除自我中心與排他的成見，在積極方面培養開放心靈、廣納眾說。

「以明」即用明鏡之心來觀照事物。它涉及認識心態和觀點主義的問題。就認識心態而言，即如上所述「成心」和「以明」之心的對舉，用現代的語詞來表述，可以解釋為封閉心靈與開放心靈的對舉。就觀點主義而言，莊子將審視物件的角度，分成「以物觀之」和「以道觀之」的不同層次。

〈齊物論〉中「以明」出現三次，先由「以物觀之」進而「以道觀之」的層次來進行論述：莊子指出，在道物的領域中，道的特點是同、通，物的世界則是雜多而分歧。在物的世界中，萬物的存在互為彼此（「物無非彼，物無非是」），從他物那方面就看不見這方面，從自己這方面瞭解得很清楚（「自彼則不見，自是則知之」）。若持「以明」之心，則能觀照到萬物的互為彼此，雙方的關係是相依互含的；若「以道觀之」，則知宇宙大全乃一彼是相依、交攝互涵的有機系統。[46]

約言之，所謂「以明」，若就視角而言，藉由郭象「反覆相明」的解釋，則相當

46. 參看方東美《原始儒家道家哲學》，黎明文化事業公司，二〇〇四年版，第三〇〇—三〇四頁。

於〈齊物論〉所說的「兩行」，意指破除自我中心的單邊思考而進行雙向思維。進一層理解，「以明」不僅是雙向思維，更相當於〈大宗師〉的「瞻明」、「朝徹」以及〈應帝王〉的「心鏡」，即意指澄明之心不僅能夠透澈地觀照外在事物的情狀，而且能夠「徇耳目之內通」（〈人間世〉）——燭照內在的心靈活動。

要之，澄明之心得以體認這世界中群我關係乃互為彼此而相互依涵，進而「以明」之心得以觀照各物乃彼此互為主體、相互會通，而達到「道通為一」的境界。

4.「通」：「同於大通」

莊子十分突出「通」的意涵，[47]有兩個主要的命題，即「道通為一」（〈齊物論〉）和「同於大通」（〈大宗師〉）。

《莊子》「明則通」的認識論與心性修養論，在中國哲學史上是十分獨特的思想概念。茲舉內篇三例為說。第一，在〈齊物論〉由「莫若以明」到「道通為一」的論述中，首次提出「明」、「通」的思想理路。第二，〈人間世〉論述「心齋」的心境時，說到「虛室生白」、「徇耳目之內通」，「虛室生白」乃「以明」之變文，此謂「以明」可以「內通」，透過內外相明來達到體道的境界。第三，〈大宗師〉論學道時，提出「瞻明」、「朝徹」的心境，此即〈齊物論〉的「以明」心境，論「坐忘」而描述「同於大通」的道境，這也是「明」與「通」相連的思路。由〈齊物論〉的「道通為一」到〈大宗師〉的「同於大通」，前者側重於物我之間的互為主體、相互會通，後者則側重個體生命的向上提升。

總之，在「性修反德」的課題上，「虛」、「靜」主要在心性修養的工夫論上，而「明」、「通」則由工夫進入到主體觀照的心靈境界。

（二）「緣而葆真」的道德境界與「采真之遊」的審美意境

莊子提出「性修反德」的修持工夫與境界，上文就「性修」而論述道家虛、靜、

47.《莊子》中「通」約見五十多處。

明的修為方法，並側重於闡述莊子「唯道集虛」、「齋以靜心」、「莫若以明」之意涵，後文則就「反德」境界詮釋「緣而葆真」的道德境界與「采真之遊」的審美意境。

1.「緣而葆真」的道德境界

儒、道在繼承殷周文化傳統上，居於不同視角而有不同的選擇，但也有相互會通之處，而人文精神即為其相互會通之處。面對周代禮制的流弊，孔、老在人倫道德方面，對周代文化皆有所繼承也有所更新。孔子由情說仁，緣情制禮；[48]道家各派亦然，如莊子學派提出仁義需合於人情（《莊子・駢拇》「仁義其非人情乎」），又如稷下道家則明確提出因人之情的禮觀（《管子・心術上》「禮者，因人之情，緣義之禮」）。

莊子後學在外、雜篇中，固然對仁義之束縛人性多所指陳，但他們並非反倫理主義者。從正面角度來看，莊子後學在倫理道德思想上，有兩個層次的論述：其一，屬倫理社會層次；其二，屬精神境界的層次。簡要陳述如下：

①就社會倫理道德層面而言，道家強調人倫關係建立在真情至性的基礎上，仁義

孝慈的情感乃在自然情境中產生的，因而《莊子》說「愛人利物之謂仁」、「端正而不知以為義，相愛而不知以為仁」（〈天地〉）。這些主張都屬於社會倫理範圍，強調仁義乃出自人的自然本性。[49]

②就「以道觀之」的視域或萬物一體而言道德境界時，莊子常將仁義範圍由愛人擴及利物，如〈大宗師〉說「齏萬物而不為義，澤及萬世而不為仁」，〈齊物論〉說「大仁不仁……仁常而不周」，以及〈天運〉、〈庚桑楚〉所謂「至人無親」，意指超越儒家建立在血緣關係上的親親之意，進而把人類的愛擴散到更寬廣的範圍，這正是後來宋代楊時《龜山語錄》所說：「萬物與我為一，其仁之謂乎。」

莊子所追求的理想人格，無論是「真人」、「至人」、「神人」，都帶有濃厚的道德境界和審美意境的風格。《莊子》內篇中，自〈逍遙遊〉的「至人」到〈大宗師〉

48. 參看馮達文《中國古典哲學略述》，廣東人民出版社，二〇〇九年版，第二六—二七、三一—三三頁。
49. 《莊子．大宗師》提出「忘仁義」之說。「忘」是達於安適狀態的心境，「忘仁義」乃指安適於行仁為義。此處表達了仁義與生命的契合關係，透露了仁義是一種感情的自然流露。

的「真人」，較為人所熟知。這裡，我僅列舉外、雜篇中〈田子方〉和〈則陽〉各一則對於理想人格達於道德境界的描述：

其為人也真，人貌而天虛，緣而葆真，清而容物。（〈田子方〉）

其於人也，樂物之通而保己焉；故或不言而飲人以和，與人並立而使人化。（〈則陽〉）

這兩則對於理想人格的道德境界的描繪，可與〈天下〉篇有關論述連結思考。〈天下〉在介紹莊周的人格特質和學術風貌時這麼說：「獨與天地精神往來，而不敖倪於萬物」、「不譴是非，以與世俗處」。這兩句話至關緊要：前一句要在使個體生命流向宇宙大生命而拓展自己的思想視野，提升自己的精神意境；後者則表達了莊子在追求精神超拔的同時，還抱持深切的人間情懷與社會關愛。

〈天下〉所論述莊周的精神境界及其「以與世俗處」的社會關懷，和上引〈田子方〉、〈則陽〉之文，正相對應。〈田子方〉所謂「其為人也真」，是寫「至人」或「真人」由本性的真樸而提升到道德修養的真淳境界；「天虛」是謂其心胸的開闊；「緣而葆真」是形容其清介不阿的道德情操與保守天真的人格特質；「清而容物」是寫他「不敖倪於萬物，以與世俗處」的一面。

2.「采真之遊」的審美境界

「性修反德」的「返德」境界中，我們申說了「緣而葆真」的道德境界，接著來敘說「采真之遊」的審美意境。〈天運〉提出至人「采真之遊」的人生意境時是這麼說的：

古之至人，假道於仁，託宿於義，以遊逍遙之墟，食於苟簡之田，立於不貸之圃。逍遙，無為也；苟簡，易養也；不貸，無出也。古者謂是采真之遊。

莊學風格並不像儒者那樣，將仁義道德規範視為人生的終極目標，而只把它們視為人生旅途中一個寄宿的過程。此段以「至人」所表徵的理想人格，過著質樸簡易的物質生活（「食於苟簡之田」），且心神持著自得自在的情狀（「以遊逍遙之虛」），而所謂「采真之遊」，意即保持真性的遨遊，翱翔於真情實性的遊心之境。

〈天運〉後以「逍遙，無為也；苟簡，易養也；不貸，無出也」解釋至人的「采真之遊」——至人之所為，適意自如；所養，樸質無華；所居，恬淡安然。「采真之遊」的圖景，常使人聯想起中國古代山水畫中的人物景致；莊子所謂「遊逍遙之墟」，有如古畫《江亭山色圖》、《江岸望山圖》[50]所描繪的春景：在曠朗的天地間，疏林廓落，溪水泛流，遠處奇峰異石突起，近處則草亭立於岸邊暮色之中。心靈安放在這「天籟」的情景中，也正是「采真之遊」意境的寫照。

「采真」與上文「葆真」不同之處在於它不是被動葆有內在之真，而是外放以寄情於天地，擷採天地之真，以達至人與天地冥合之境。

「采真之遊」是一個極富意蘊的美學概念，而〈天運〉的語境意義過於簡略，需放置在《莊》書有關藝術人生的語意情境中，才更能體現它的豐富內涵。首先，我們要從天地之美和道的藝術創造性說起。

四、天地之美與好美的本性

（一）道的藝術性創造

《老子》只說「道生萬物」，《莊子》則一再突出道創生萬物時所體現的藝術創造精神，如〈大宗師〉論及「道」生萬物時，不住地讚賞大道的藝術創造性，其文曰：

50. 元代山水畫，實乃「心性的伸展」，其中倪瓚《容膝齋圖》、《江亭山色圖》、《江岸望山圖》最為稱著。請參看朱良志《中國美學十五講》第九講，北京大學出版社，二〇〇六年版，第二一七—二二八頁。

吾師乎！吾師乎！齏萬物而不為義，澤及萬世而不為仁，長於上古而不為老，覆載天地刻雕眾形而不為巧，此所遊已。

所謂「刻雕眾形」，誠然吾人仰觀宇宙之神奇，俯察眾形之美妙，宛如藝術大匠之創作活動。遊心於這不帶刻意所創造出的藝術寶庫中，恰似「采真之遊」意境的寫照。

（二）天人的和樂之境

〈天道〉再度闡發「道」之「刻雕眾形而不為巧」的藝術精神，並稱之為「天樂」，其文曰：

夫明白於天地之德者，此之謂大本大宗，與天和者也；所以均調天下，與人和者也。與人和者，謂之人樂；與天和者，謂之天樂。莊子曰：「吾師乎！吾師乎！齏萬物而不為

戾，澤及萬世而不為仁，長於上古而不為壽，覆載天地刻雕眾形而不為巧，此之為天樂。」

這裡，將人類與大本大宗的天地和諧對應的態度，稱為「天和」；將人類與天地萬物共存並生所呈現出的和樂情境，稱為「天樂」。這和樂情境落實到人間，治世的藝術在於「人和」；在消解族群對立的國度裡所呈現的和諧歡愉之氣氛，是為「人樂」。〈天道〉篇由「人和」談到「人樂」，由「天和」談到「天樂」，勾勒出一幅天人和樂的美麗景象。[51]

（三）遊心於至美至樂的道境

這種天人和樂情懷的審美思維，在〈田子方〉裡也有所闡述。〈田子方〉在論及

51. 在先秦典籍中，談「和」時，大都談論人際關係的和諧。唯獨《莊子》由「人和」論及「天和」，高唱天人之和。除《莊子》外，《禮記．樂記》也說「樂者，天地之大和也」，〈樂記〉和諧觀，可能是莊學一系美學思潮的發展。

遊心於道境時，便由道之藝術創造精神，進而說到道之美以及道境之「至美至樂」，其文曰：

老聃曰：「吾遊心於物之初。」……孔子曰：「請問遊是。」老聃曰：「夫得是，至美至樂也，得至美而遊乎至樂，謂之至人。」

所謂「物之初」，指的就是「道」；「遊是」就是遊心於道。遊心於道的境界，是一種「得至美而遊乎至樂」的境界。〈田子方〉這裡明確以道境為美樂之境。

（四）天地萬物皆具審美的意蘊

〈田子方〉論及道境之「至美」，接著〈知北遊〉明確地提出「天地之美」的論題：

天地有大美而不言，四時有明法而不議，萬物有成理而不說。聖人者，原天地之美

而達萬物之理。

「天地有大美」，則天地間一切型態都可呈現美的蹤跡。莊子看到天地間一切物象千姿萬態，生機盎然，引發人對山水之美的觀賞趣向，正如〈知北遊〉另一處所說：「山林與！皋壤與！使我欣欣然而樂與！」[52]後世對於山水的品鑑便淵源於此。魏晉以後，美學藝術逐漸成為一個獨立的範疇，嵇康是其中的代表人物。嵇康的〈聲無哀樂論〉指出，音樂的美既無關乎人主觀的哀樂情志，亦不黏附於社會的規範制約，將美的客觀價值從政治教化中解放出來。魏晉形成一審美情趣高漲的時代，山水詩畫的創作與鑑賞蔚為風潮，與莊子「天地之美」的審美情趣的激發不無關係。宗炳在〈畫山水序〉中發出「山水以形媚道」的讚歎，提出「澄懷味象」這一審美鑑賞的命題，

52. 從這一段引文的語脈意義來看，莊子一方面指出山水引發人的歡愉之情，但後文又接著說：「樂未畢也，哀又繼之。哀樂之來，吾不能御，其去弗能止。」意指人經常會處於哀樂的感情波動之中。

即以虛靜澄澈的心懷，來體味觀賞的物件，從而獲得「暢神」的愉悅。[53]藉由觀賞天地山水之美而達致主體精神愉悅的審美情懷，實導源於《莊子》，如〈外物〉篇說「大林丘山之善於人也，亦神者不勝」，大林丘山所以引人入勝，正是由於人置身其中頓感心神舒暢的緣故。

《莊子》由道之美，導引出天地之美，也由此流露出人性之美。

（五）好美出於本性

由內、外篇論述「道」的和樂境界與美樂境界可知，「道」的真和美帶來人性的真和美。如〈則陽〉裡說到人有好美、愛人的本性時這麼說：

> 生而美者，人與之鑑，不告則不知其美於人也……其可喜也終無已；人之好之亦無已，性也。聖人之愛人也，人與之名，不告則不知其愛人也。若知之，若不知之，若聞之，若不聞之，其愛人也終無已，人之安之亦無已，性也。

這段話說到人生而美，好美是人性的表現，聖人愛人也是人性的展現。這段引文展現出人性美與愛的一面，可與「天地有大美而不言」相呼應，說明天地間的一切都可以作為審美的物件。濟慈（John Keats）就說道：「美即是真，真即是美。那是你在世界上所知道的一切，也是你必須要知道的一切。」（〈希臘古甕頌〉〔Ode on a Grecian Urn〕）

53. 可參看朱良志編著《中國美學名著導讀》，第六四—六七頁；張法《中國美學史》，四川人民出版社，二〇〇六年版，第一〇〇—一〇一頁。

小結

本文呈現莊子人性論的三大特點：其一，以「道之真」為形上基礎，論證了人性之真。其二，以「道之美」（「天地有大美」）為理據，演繹本性之好美。其三，透過孟、莊的對比，可知莊子的人性論由道德形上學推演而來，孟子的人性論則沒有明顯的形上根據。雖然如此，在人文主義思潮的發展架構下，孟子強調的人性之善，和莊子突出的人性之真與美，共同將人性的真、善、美[54]發展到高峰，相互輝映。

（本文原刊於《哲學研究》二〇一〇年第十二期。）

54. 和西方宗教文化中人性論從負面主張人帶有原罪的觀點對比，孟、莊的人性論從正面彰顯出人性的光輝。

莊子論情：無情、任情與安情

中國人性論主題為心、性、情三者。此前我曾發表〈《莊子》內篇的心學〉、〈莊子論人性的真與美〉，[1]就莊子人性論心性部分闡述已見。我原以為對莊子人性論的討論就此可以告一段落，然而縱覽中國人性論史的發展，越發覺得莊子思想中「情」的論題之重要性。[2]因此，本文擬從莊子學派的性情一體觀，以及無情說、任情說與安情說等方面，申說莊子的情論。

一、「性情不離」觀在人性論史上的重大意義

（一）漢宋儒家揚性抑情而致情性割裂

人性論由兩個重要的部分構成：其一為心性論，其二為情性論。若僅有心性論而欠缺情性論，則人性論未能完足，如同生命中欠缺血氣活力而衰變成為乾枯的生命。

就個體生命而言，情是源頭活水，是生命創造的潛能與動力。若人性論只局限於心性而不及情，就成了殘缺的人性論。

1. 兩文先後發表在《哲學研究》二〇〇九年第二期與二〇一〇年第三期。
2. 莊子之「情」近些年來也逐漸成為受到關注的議題，在海外和中國大陸均有若干相關的論文發表，筆者所見的有：①陳金梁的〈無情與猖狂：論《莊子》中無情的兩種詮釋〉（劉笑敢主編《中國哲學與文化》第六輯，廣西師範大學出版社，二〇〇九年版）；②莊錦章〈Zhuangzi and Hui Shi on Qing〉，（《清華學報》新四十卷第一期，二〇一〇年版）；③王志楣〈道是無情卻有情——論莊子的情〉（方勇主編《諸子學刊》第二輯，上海古籍出版社，二〇〇九年版）；④簡光明〈莊子論「情」及其主張〉（《逢甲中文學報》第三期，二〇〇一年版）；⑤蔡妙坤〈莊子論「情」〉（台大哲學研究所碩士論文，二〇〇七年）；⑥李德平、張文秀〈從王弼「聖人有情」說看魏晉時代的重情思想〉（《河南師範大學學報（哲學社會科學版）》一九九九年第二期）。另有朱懷江〈莊子「有無之情」論辯證〉（《新疆師範大學學報（哲學社會科學版）》一九九九年第一期）、晁福林〈試析莊子的「情性」觀〉（《中州學刊》二〇〇二年第三期）、蕭雲恩的〈忘情之情——莊子「真情」思想研究〉（《重慶科技學院學報（社會科學版）》二〇一〇年第十三期）、方金奇〈《莊子·內篇》之「情」〉（華東師範大學二〇〇六屆畢業論文）等，筆者尚未讀到。關於魏晉情論的研究成果，有林麗真〈王弼「性其情」說析論〉（收入《王叔岷先生八十壽慶論文集》，大安出版社，一九九三年版）、吳冠宏〈莊子與郭象「無情說」之比較——以《莊子》「莊惠有情無情之辯」及其郭注為討論核心〉（《東華人文學報》第二期，二〇〇〇年版）、何善蒙《魏晉情論》（光明日報出版社，二〇〇七年版）。

以朱熹理學為代表的宋明儒學，自南宋末起，下歷元、明、清數代，被官方認可為正統哲學。朱熹繼承韓愈的道統說，使之主導學人思想觀念達六七百年之久。[3] 長期以來，中國哲學中人性論的主要觀點，亦不知不覺中局限於宋明儒學倫理中心之單一化思維。而此一儒學倫理中心的人性論，最大的偏失在於「以性禁情」[4] 以及其心性說之流於禪學化。

心、性、情、欲是人性論的主要議題。原始儒家主張「仁者愛人」，在強調倫理道德的同時，並未寂滅情的作用。在原始儒家禮外樂內的倫理架構下，若欠缺人性中「情」的質素，「樂」就無由產生，人與人之間的情感也無由交通成和。原始儒家「由情說仁」與「緣情制禮」，[5] 這一情禮兼顧的整體人性思維，在後來儒學的發展中出現了嚴重的偏頗。董仲舒倡導獨尊儒術，在其陽尊陰卑的架構中提出「陽性陰情」說，主張「損其欲而輟其情」，貶抑「情」的地位和作用。[6] 到了宋明時期，承接董仲舒抑情揚性的思路，理學家在佛禪尊性黜情的基礎上提出「存天理，滅人欲」的極端主張，更加導致情性割裂的趨勢。宋明儒學之所以只談心性而減損情、欲，主要緣自佛禪的影響。禪宗認為本心清淨，主張斷滅情感，使心性「空寂化」。[7]這不但與原始道家心性論有很大的不同，也不符合原始儒家的一貫思想。

3. 美國史學家田浩（H. C. Tillman）在《朱熹的思維世界》的「緒論」中便指出：「目前對宋代儒學發展的研究大致仍反映傳統中國、日本學者所取得的成果，傳統的觀點和方法仍占據研究的主導地位，亦即以朱熹（一一三〇—一二〇〇年）的道統為主線……」（陝西師範大學出版社，二〇〇二年版，第一頁）

4. 馮友蘭解讀董仲舒的性情論時講到：「以性禁情，方可使人為善人。」（馮友蘭《中國哲學史（下）》，華東師範大學出版社，二〇〇〇年版，第一九頁）實際上，在理論系統上，宋儒「以性禁情」的偏失更嚴重，也比董仲舒的影響力更深遠。

5. 參見馮達文《中國古典哲學略述》，廣東人民出版社，二〇〇九年版，第二六、三二頁。

6. 董仲舒《春秋繁露．深察名號》講：「身之有性情也，若天之有陰陽也，言人之質而無其情，猶言天之陽而無其陰也，窮論者無時受也。」王充《論衡．本性》曰：「仲舒覽孫、孟之書，作性情之說，曰：『天之大經，一陰一陽。人之大經，一情一性。性生於陽，情生於陰。陰氣鄙，陽氣仁。曰性善者，是見其陽也；謂惡者，是見其陰者也。」

7. 自達摩禪以「寂」解「真心」，道信所倡禪法復宣揚「心性寂滅」。如來禪又將真心看作「靜態的死寂」。參看楊維中〈論禪宗心性思想的發展〉，《漢學研究》第十九卷第二期，二〇〇一年版，第一四一—一七〇頁。

錢穆曾多次隱約指出宋儒玩索心性是受到了禪宗的影響，[8] 張廣保則明確指出「正是由於禪宗的影響，宋明理學家才特別提出『存天理、滅人欲』的主張」。[9] 佛禪對理學心性論的影響可謂深入骨髓，這種流弊一直延續到港台當代新儒家中的心學一系，他們將「情」孤立在人性論之外來空談心性，墜入了佛禪寂靜孤絕的心體與性體之說而不自知，以致塞絕人情，將人性塑造成一寂靜孤絕的絕對實體，以致將原始儒家關懷人群的德性倫理，轉化為乾枯閉塞的「概念的木乃伊」。[10]

孔孟雖未對「情」的議題有所論述，但先秦儒學還有一條彰顯「情」的線索，那就是近年湖北荊州出土的《性自命出》（上博稱爲《情性篇》）提出的「道始於情」、「情生於性」的精闢主張。但這一珍貴的竹簡佚失了兩千多年，已無補於宋明儒家傳世文獻中「以性禁情」的主流思想。

（二）莊子的性情不離觀

遍觀先秦傳世文獻，最早將「情」的議題凸顯出來的是《莊子》。或者說，在中國哲學史上，「情」的概念及其論題之被顯題化始於《莊子》。我們現在常說的「人情」一詞，首見於《莊子・逍遙遊》；〈駢拇〉等篇還一再發出「仁義其非人情乎」的呼聲。[11] 此外，《莊子》書中還提出了許多與「情」相關而富有深刻哲學意涵的思想觀念，

8. 錢穆論述禪宗與理學關係的論文有多篇。他在〈禪宗與理學〉中說到：①程朱「只知用敬，不知集義，卻是都無事也。竊謂都無事正是禪門宗旨」。「朱子亦曰：心中若無一事時，便是敬。竊謂此等心法，實皆從宗門來 。」②「程門性即理之說，近於道家……象山近禪……程朱言心亦有近禪處，其言行言理，則近《老》、《莊》、《易》、《庸》。」③「宋明理學，亦可謂乃是先秦儒學與唐宋禪學之一種混合物。」（《中國學術思想史論叢（四）》，安徽教育出版社，二〇〇四年版，第二〇七、二一一、二一三頁）〈三論禪宗與理學〉中則有一段很重要的話區別原始儒家與宋明理學的不同點，云：「宋明理學，轉講修齊治平……然必以個人之存心養性為之主……故宋明儒最要精神，到底偏向在如何立己，不如兩漢前之偏向在如何了當天下萬物……宋明儒依然未脫淨禪宗形跡。」（《中國學術思想史論叢（四）》，第二三四頁）

9. 參見張廣保〈原始道家的道論與心性論〉，《中國哲學史》二〇〇〇年第一期，第四五頁。

10. 「概念的木乃伊」（conceptual mummies）一詞出自尼采。尼采批評西方「幾千年來凡經哲學家處理的一切變成了概念木乃伊」（《偶像的黃昏》（*Götzen-Dämmerung*）〈哲學中的理性一〉）。

11. 莊子在中國哲學史上第一個提出「人情」的概念。荀子受到莊子思想的影響，多談「人情」，《荀子》中「人情」出現九次。《呂氏春秋》中「人情」出現二次，《淮南子》中「人情」出現十次。

如「道情」、「天情」、「恆物之大情」、「達生之情」、「達命之情」等。

在人性論的議題上，莊子學派提出了「性情」連詞，值得留意。它在文學、藝術、美學上的影響尤為深遠。[12]《莊子》一書情性並舉多達十五處。在「性情」、「情性」等複合詞的使用中，不斷地發出「反其性情」、「反汝情性」的呼聲。[13]真情的流露，即是本性的回歸，這正是《莊子》人性論中最感人之處。在莊子學派中，「情」與「性」、「命」構成的語詞也頻頻出現，從而構成中國人性論史上無比重要的命題。[14]其中的「任其性命之情」與「安其性命之情」尤為筆者所關注（詳見後文論述）。

在性情關係問題上，莊子提出了「情性不離」命題，[15]同時，他運用美妙的文學才思，形象地描繪「情性一體」的觀點。如〈徐无鬼〉中藉「越之流人」的故事生動地描述流放者遠離故土的鄉愁：「見似人者而喜矣；不亦去人滋久，思人滋深乎？」[16]這裡流露出遊子思鄉之情，同時，又表明了此鄉情實乃人之本性的呼喚。〈則陽〉篇中「舊國舊都，望之暢然」的感懷，[17]也同樣藉著遙望祖國的喜悅之情，表達著對本性的回歸。

本文要在論析莊子的無情說、任情說與安情說。現從內篇論情的議題開始。

12. 劉勰《文心雕龍．情采》講「文質附乎性情」，「文采所以飾言，而辯麗本乎情性」，認為「性情」是文學內容的核心和審美價值的精粹。劉勰還提出了「性靈說」。〈原道〉講：「惟人參之，性靈所鍾，是謂三才。」〈情采〉則有「綜述性靈」的觀點（參見涂光社《莊子範疇心解》，中國社會科學出版社，二〇〇三年版，第一八四—一八五頁）。

13. 「反其性情」、「反汝情性」，見於〈繕性〉〈庚桑楚〉及〈盜跖〉。

14. 涂光社講：「『性命之情』的組合為莊子首創，它在《呂氏春秋》和《淮南子》中頻頻出現，是莊子天性合理的主張在春秋末到西漢前期很有影響的一個證明。」「『性命之情』顯然有生命性的內蘊，其要害在於肯定和維護眾生的天性和自然感情。」（涂光社《莊子範疇心解》，第一七五頁）

15. 《莊子．馬蹄》：「性情不離，安用禮樂！」

16. 《莊子．徐无鬼》：「子不聞夫越之流人乎？去國數日，見其所知而喜；去國旬月，見所嘗見於國中者喜；及期年也，見似人者而喜矣；不亦去人滋久，思人滋深乎？夫逃虛空者，藜藋柱乎鼪鼬之逕，踉位其空，聞人足音跫然而喜矣，又況乎昆弟親戚之謦欬其側者乎！久矣夫莫以真人之言謦欬吾君之側乎！」（見陳鼓應《莊子今註今譯》，北京商務印書館，一九九九年版，第六四五頁）

17. 《莊子．則陽》：「舊國舊都，望之暢然；雖使丘陵草木之緡，入之者十九，猶之暢然。況見見聞聞者也，以十仞之台縣眾間者也！」（陳鼓應《莊子今註今譯》，第六九一頁）詳見《老莊新論》之「流人思鄉——本性的召喚」，北京商務印書館，二〇一〇年版，第三四九頁。

二、〈莊子〉內篇中「情」的多層次意涵——道情、天情與人情

莊子常以多角度審視世界人生的種種事相，如〈秋水〉篇的「以道觀之」、「以物觀之」、「以俗觀之」等，而其論情也不例外。莊子言情，全書多達六十處，內篇出現十九處。在不同的語境中，情的意涵也不相同。[18]通體而言，主要意指實情與感情。上古的著作（如《尚書》、《詩經》）言「情」多作實情解，即指客觀的情況。春秋時代的著作（如《左傳》、《國語》、《管子》、《論語》），除了表達客觀的事實之外，開始出現描述人的內心真情實感的解釋。戰國時代的著作（如《莊子》、《性自命出》和《荀子》等），以感情解釋「情」成了普遍的現象。[19]

莊子論情以內篇〈德充符〉最惹人注目，該篇從情的正面意義與負面意義兩方面加以闡發。其他各篇，尤其是外雜篇則多從正面進行討論，甚至將情與性相聯繫。在

〈逍遙遊〉、〈養生主〉和〈大宗師〉中，莊子主要提出三個論情的重要概念，即「人情」、「天情」和「道情」。這三者的內在聯繫值得我們關注。莊子常常從天人之際著眼，來探討三者的關係。在他的思想觀念裡，人情本於天情而源於道情，而二者又以道情為最根源性的存在依據。莊子賦予道藝術創造的功能，道是「刻雕眾形」的「生生者」（〈大宗師〉），它創造的天地是大美的世界（〈知北遊〉云「天地有大美」）。這裡，我們首先以內篇的〈逍遙遊〉開始，探討其中情的多層次內涵。〈德充符〉之「無情」說則在下節進行討論。

18. 許多學者都曾提到「情」的多重意涵，如實情、感情、性情等，如簡光明〈莊子論「情」及其主張〉（《逢甲中文學報》第三期，二〇〇一年版）、何善蒙《魏晉情論》。

19. 如何善蒙《魏晉情論》所說：「就『情』含義的演變過程而言，是從客觀到主觀，由外在到內在，由具象到不斷抽象的過程，而這也符合概念發展的一般規律。」（見何善蒙《魏晉情論》，第一六一一八頁）此外，簡光明、莊錦章等學者的論文對莊子「情」的多種意涵都做了詳細的解析。

（一）〈逍遙遊〉「人情」語詞之語境意義

〈逍遙遊〉寫到肩吾認為接輿之言「不近人情」，「人情」一詞是在對姑射山「神人」進行描述時出現的，云：「肌膚若冰雪，淖約若處子；不食五穀，吸風飲露；乘雲氣，御飛龍，而遊乎四海之外；其神凝，使物不疵癘而年穀熟。」就內容來看，姑射山神人的身體形貌、生理特質，及其行為樣態皆不類常人，因此，肩吾所謂的「人情」，當意指人自然而有的生命特質而言，是人的生命的本真情實。這裡值得我們注意的是，此處的「人情」一詞，在中國古代哲學文獻中為首次出現。

（二）〈齊物論〉「真宰」之情

〈齊物論〉開篇提出「吾喪我」的重要命題，扼要地說，就是要去除為「成心」所拘束的我，而提升到可以與宇宙相通的本真的我（「真宰」、「真君」）。所謂「喪我」之「我」即指成見之心所形成的「我」。〈齊物論〉中「其寐也魂交，其覺也形開」這一段所描繪的就是由成心對立所導致的「日以心鬥」的狀態，並引起是非好惡的情緒波動（「喜怒哀樂，慮嘆變慹，姚佚啓態」）。〈齊物論〉要求人們從主觀成見所引發的情緒糾葛中超越出來，以呈現出真實之自我。莊子稱此真實之自我為「真宰」、「真君」，而與「逐萬物而不返」的無根的自我相對。對於掌握、主宰自身生命的主人，莊子以「有情而無形」之語給予了高度的肯定。〈齊物論〉說：「若有真宰，而特不得其眹。可行已信，而不見其形，有情而無形。」又說：「其有真君存焉？如求得其情與不得，無益損乎其真。」「真宰」、「真君」之「有情」，我們簡稱為「真宰」之情。在是非、好惡的成心糾纏中，自我總感受到「終身役役而不見其成功，苶然疲役而不知其所歸」的大哀；莊子以為，只有開放的心靈（「以明之心」）才能體認道的「物化」，只有體認到宇宙的大化流行才能領悟人生的意趣（如莊周夢蝶之自喻適志）。

（三）〈養生主〉「天情」的語境意義

〈齊物論〉言及生命之「真君」、「真宰」乃「有情而無形」，其中的「情」體現了莊子對於真實自我的肯定。〈養生主〉載及「老聃死，秦失悼之」，當秦失見及「老者哭之，如哭其子；少者哭之，如哭其母」之情景時，心中已然領會其中必有「不蘄言而言，不蘄哭而哭者」，秦失諷此中之人為「遁天倍情，忘其所受，古者謂之遁天之刑」。所謂「天」，指向死生變化之自然恆常。「遁」和「倍」指違背、背棄。「遁天倍情」所批評的是不知死生變化及自然實情的狹隘認知，同時也包括由之引發的情感執著。與此相反，如果能夠認識生死的變化不過是氣的聚散，[20]面對生死能「安時而處順」，不因生而樂，不因死而哀，則是順應「天」和「情」。也就是說，「遁天倍情」的正面意涵即是順應「天情」，「天情」意為「自然之實情」。〈養生主〉透過「遁天倍情」之說，暗示了循天應情的觀點，以「天情」的視角，強調了生命順時而生，應時而去，也就是〈大宗師〉所說的「翛然而來，翛然而往」之真（reality）。

（四）〈大宗師〉「道情」的意涵

〈大宗師〉又說：「若夫藏天下於天下而不得所遁，是恆物之大情也。」「恆物之大情」是物所固有的真實之情形。「藏天下於天下」是一種不藏的態度，是順任萬物的自然變化，這就是「恆物之大情」。萬物的變化有其「所係」、「所得」，即「道」。

〈大宗師〉提出「恆物之大情」觀念之後，接著就論述道的「有情有信，無為無形；可傳而不可受，可得而不可見」。所謂道「有情」，指道之情實，我們用「道情」來指稱。老子之道「玄之又玄」，莊子之道雖然無為無形，不可口授不可目見，但卻是可傳可得的。在《莊子》內篇中，「道」開始與人心有了聯繫，人可以體道、悟道、修道，通過人心的修養而上升到「道情」的境界。《莊子》中已經出現了修道的境界和工夫，如〈人間世〉中的「心齋」，〈大宗師〉中的「坐忘」、「見獨」等。[21]而「唯道集虛」、「同於大通」、「見獨」均是得道、體道的不同表達方式。

綜觀內七篇，其中的「情」有情感之義，但主要為「情實」之義。〈逍遙遊〉所

20. 〈至樂〉講：「然察其始而本無生；非徒無生也，而本無形；非徒無形也，而本無氣。雜乎芒芴之間，變而有氣，氣變而有形，形變而有生。今又變而之死。是相與為春秋冬夏四時行也。」〈知北遊〉講：「通天下一氣耳。」

講的「人情」，意指人自然而有的生命特質，是人的生命的本真情實。〈養生主〉將「情」與「天」對舉，「情」指本真的情實，「天情」義為自然的本真的情實。〈大宗師〉講：「夫道，有情有信，無為無形。」其「情」亦為「情實」之義，指道的真實。如果從〈秋水〉篇所提出的多視角來看，〈逍遙遊〉所講的「人情」實為「以物觀之」的視角，「天情」和「道情」則是「以道觀之」的視角。人的生命來自於「天」，本自於「道」，也可以說，〈逍遙遊〉的「人情」來自於〈養生主〉所講的「天情」，「天情」來自於〈大宗師〉所講的「道情」。那麼，此「人情」是「道」、「真宰」向人世間的落實，具有正面的、肯定的意義。但是，人在群體中會因為每個人的「成心」存在而產生是非好惡之情。這樣的情，就是「以俗觀之」的「俗情」。〈德充符〉所講的「無情」中的「情」即是此「俗情」。人只有跳出是非好惡之情的漩渦，才能回歸人的生命的本真狀態，即「人情」，進而上升到「天情」和「道情」。因此，莊子在〈德充符〉中藉莊子與惠子的論辯提出「無情」之說。下面我們來分析莊子的「無情」說。

三、無情說——道似無情卻有情

莊子表達人生哲理時，經常交錯使用論述和對話兩種不同方式來進行。〈德充符〉篇末，惠、莊有關情與無情的對話，正與前面的一段論述緊密聯繫。下面我們就從其論述和對話之間的內在聯繫進行解析。

（一）天人關係語境下提出「情」的議題

莊子論情，其中一個重要意涵在於引出了「無情」之說。「無情」說主要見於〈德

21.〈人間世〉講：「唯道集虛。虛者，心齋也。」〈大宗師〉提出「坐忘」：「墮肢體，黜聰明，離形去知，同於大通，此謂坐忘。」〈大宗師〉中還講述了「見獨」的體道過程：「吾猶守而告之，參日而後能外天下；已外天下矣，吾又守之，七日而後能外物；已外物矣，吾又守之，九日而後能外生；已外生矣，而後能朝徹；朝徹而後能見獨；見獨而後能無古今；無古今而後能入於不死不生。」

充符〉「有人之形，無人之情」一段，以及莊子與惠子的一則對話中。首先，〈德充符〉篇末出現這樣的一段論述，云：

天鬻者，天食也。既受食於天，又惡用人！有人之形，無人之情。有人之形，故群於人；無人之情，故是非不得於身。眇乎小哉，所以屬於人也！謷乎大哉，獨成其天！

上文關於「情」的論述是後文惠、莊無情之論辯的引言，主旨是在天人關係的語境下討論「情」，從天人之境中將個體生命提升到「天地精神」的境界。

所謂「有人之形，無人之情」的深層意涵為生命由來於天、稟賦於道。而「有人之形，故群於人；無人之情，故是非不得於身」，意指人在社會群體關係中，由於各自的「成心」形成偏執的心態和狹隘的視野，以致相互否定、彼此排斥（「是其所是而非其所非」），從而引起了「喜怒哀樂，慮嘆變慹，姚佚啟態」的情緒波動。這正與〈齊物論〉的相關論述相互呼應。〈德充符〉這段「無人之情，故是非不得於身」

的「情」，乃是指世間人群糾葛於主觀的是非判斷而產生的「負累」之情。[22]這乃是莊子逆向思維的表述。

（二）惠、莊有關「情」與「無情」的對話

上文「有人之形，無人之情」的論述引發了惠施與莊子關於有情與無情的論辯：

惠子謂莊子曰：「人故無情乎？」莊子曰：「然。」惠子曰：「人而無情，何以謂之人？」莊子曰：「道與之貌，天與之形，惡得不謂之人？」惠子曰：「既謂之人，惡得無情？」莊子曰：「是非吾所謂情也。吾所謂無情者，言人之不以好惡內傷其身，常因自然而不益生也。」惠子曰：「不益生，何以有其身？」莊子曰：「道與之貌，天與之形，無以好惡內傷其身。今子外乎子之神，勞乎子之精，倚樹而吟，據槁梧而瞑，天

22.「感情的負累」之語見陳金梁〈無情與猖狂：論《莊子》中無情的兩種詮釋〉，載於劉笑敢主編《中國哲學與文化》第六輯，第二四四頁。

選子之形，子以堅白鳴！」

在「吾所謂無情者，言人之不以好惡內傷其身」的陳述中，莊子所說的「無情」的語境意義是很清楚的，即「不以好惡內傷其身」。而其蘊含的深層意涵則是要將人情提升到道情、天情之境。莊子一再宣稱「道與之貌，天與之形」，它的意思正是強調人情稟賦於道情、天情。

統觀全文，在莊子和惠施關於「有情」與「無情」的論辯中，二人雖然同樣討論「情」，但是彼此的視角各異，「情」的語境意義也不一致。

道家探討問題，既有正面思考，也有逆向思維，因而，問題的表層結構和深層結構都能關照到。借用〈秋水〉「以道觀之」、「以物觀之」、「以俗觀之」的多重視角論點，莊子對人情的論述也具有多個層次。從以俗觀之的角度來看，他指出「成心」所帶來的相互否定、彼此排斥的後果。從以物觀之的角度來看，他一方面指出人情會走向「負累」之情；另一方面又說明，人情從根源上稟賦於天情、道情，從這點上，莊子對人情持肯定態度。這體現了莊子將天、地、人聯繫起來思考的整體性思維。老、莊都秉持著這種多面向的思維，足以證明道家的人性論是建立在其形而上學理論基礎之上的。老子提出「道生一，一生二，二生三，三生萬物」的觀點，以解釋道與萬物的關係。莊子又進一步提出「天地者，萬物之父母」的觀念。這種觀念將天地人視為相互聯繫的整體。由此，莊子進一步將人情的根源上溯至天情、道情。上文所說的「道與之貌，天與之形」也體現了這種整體性思維，莊子通過它說明人的生命由來於天、稟賦於道。

正是因為這種整體性的思維，莊子對人情的觀點並不局限於「以俗觀之」、「以物觀之」的層次，而是提升到「以道觀之」的層次。這可以從他對「無情」的論辯中看出來。在「吾所謂無情者，言人之不以好惡內傷其身」的陳述中，莊子所說的「無情」的語境意義很清楚，即「不以好惡內傷其身」。而其蘊含的深層意涵則是對情的超越和提升，即超越負累之情，將「人情」提升到「天情」和「道情」。

莊子試圖通過「無情」說破除「是其所非而非其所是」的狹隘封閉的心靈，使個體生命能夠通向宇宙生命。「無情」事實上蘊含了宇宙之深情，此宇宙之深情即是「道情」。以此情關注現實人生，就不會陷入到是非好惡的漩渦中。

莊子的「無情」說對後代有很深的影響。《世說新語》中的「太上忘情」化用了莊子「無情」之意。李白〈月下獨酌〉講「永結無情遊，相期邈雲漢」，此處的「無情」也是盡情、忘情的意思。

四、任情與安情說

在《莊子》書中，情與無情的思想觀念始於內篇，而與外雜篇有著內在的聯繫。《莊子》內篇論及拘泥於人我對立、是非對立中的人「日以心鬥」，以此莊子期盼人心靈的超越提升。他講「無情」，要人擺脫好惡之情對平和之心靈的傷害，倡導人超脫於俗情而提升至道情、天情，從而回歸到〈齊物論〉所說的「真宰」「真君」的「有情而無形」的人的本根之處，體會天地之大美，培養宇宙之視野與心胸。如此，則個體生命能夠通向宇宙生命，個體小我能夠通向天地之大我。同時，莊子指出，道情是胸懷博大的宇宙情，要以道情關注現實人生，將道情、天情落實到現實人間。我用「任情」和「安情」來概括莊子的這個觀念。

《莊子》外篇自〈駢拇〉開始，便在肯定現實人生的立場上提出「任其性命之情」（下文簡稱「任情」）的重要命題，接著又在〈在宥〉篇中連續提出「安其性命之情」（下文簡稱「安情」）的呼聲。任情說主要談性命之情的發揮，安情說主要談性命之情的安頓。以下分別論述。

（一）任情——個體生命力的激發

莊子以豐富的想像力、翻新出奇的手法，闡發其深邃的文理；以豁達詩意的心境，構成了壯闊幽深的藝術境界。《莊子》一書，開創了中國文學和哲學的抒情傳統。自〈逍遙遊〉開篇鯤鵬展翅的寓言，揭開一幕前所未有的抒情傳統的序幕，到末篇〈天下〉篇論述莊子思想的風格，無不體現出「任其性命之情」的文風與精神風貌。

《莊子》整本書對個體生命的自覺、自主性的高揚、創造精神的發揮及其所表達出的芒忽恣縱的思想感情，可以說均是極佳的任情之作。

莊子「任其性命之情」的重要命題出現在〈駢拇〉篇：

吾所謂臧者，非仁義之謂也，臧於其德而已矣；吾所謂臧者，非所謂仁義之謂也，任其性命之情而已矣。

「任其性命之情」在全書中只出現一次，但卻為莊書中極其重要的一環。就語境意義來說，〈駢拇〉比較側重在儒家的規範倫理之脫離其原始的內涵，而成為束縛人心的枷鎖。[23]但是，我們從內外雜篇的整體來看，「任其性命之情」指向了生命本真面向的顯發，可包含多層次的意涵，分別是：①衝破世俗的網羅；②順任人性之自然；

③個體生命力量的激發；④追求放達開豁的意境。前面兩者學界多有申論，故從略，此處就後兩者尤其是個體生命力的激發方面闡發。這裡就列舉〈逍遙遊〉開篇的鯤鵬展翅、〈外物〉篇的任公子釣大魚和〈天下〉篇論述莊子思想風格的文字來闡發其「任情」的意涵。

1. 天人之境與天地視野

〈逍遙遊〉開篇，莊子以浪漫主義的文風描繪鯤鵬的巨大。他藉鯤鵬之高舉，曉喻世人須培養博大的心胸、開闊的視野以及高遠的境界。他闡論逍遙之義，特別突出

23. 此前莊子在〈大宗師〉中就曾藉意而子和許由的對話批判儒家所標舉的是非準則、道德規範和倫理價值傷害人性。受過儒家聖人堯「躬服仁義而明言是非」教誨的意而子想師從於許由。許由認為其所接受的儒家的仁義、是非的教誨為「黥」和「劓」，是框住人與人的交往活動的刑網，羈束了人的心靈自由。〈駢拇〉進而提出「意仁義其非人情乎」，認為仁義道德應出於人的性情，是發自內心的。但在戰國中期之後，仁義等道德規範已成虛文，甚至淪為竊國盜世的工具。此時的仁義禮樂就如「鉤繩規矩」、「膠漆纆索」，束縛人的本真的性情。〈駢拇〉篇強調儒家仁義禮樂並非出於人性，而恰恰是對人性的拘索和束縛，因此呼喚衝破仁義等社會規範的網羅而「任其性命之情」，順任人性的自然。

的即是飽含力量性的字眼，例如鯤之「化而為鳥」，鵬之「怒而飛」、「水擊三千里」以及「摶扶搖而上」等。其中的「化」、「怒」、「擊」、「摶」等，無論是描摹鯤突破自身型態的力求轉化，還是大鵬奮力的展翅、於水面上強力的拍擊，或者環繞旋風向上飛翔，無不是力量的展現、情感的奔放。莊子始終是將生命的超越與不息的力量緊密相連的。

2. 積厚之功與經世之志

〈外物〉篇講「任公子釣大魚」，也如巨鯤大鵬之所寄寓。任公子「為大鉤巨緇，五十犗以為餌，蹲乎會稽，投竿東海」，如此宏偉的場面，體現出士人博大的心胸和氣魄。「旦旦而釣，期年不得魚」體現出士人要實現現實的抱負，要有極大的耐心和積厚之功。經年累月的堅持不懈，任公子終於釣得大魚，大魚「牽巨鉤，錎（陷）沒而下，鶩揚而奮鬐（鰭），白波若山，海水震盪，聲侔鬼神，憚赫千里」。大魚從水中躍起的情景聲勢浩大，驚心動魄。任公子以巨鉤經年累月釣得大魚，與守著小河溝的釣魚人形成大與小的鮮明對比，體現出士人「大達」、「經世」的遠大追求。

莊子和尼采均運用極富想像力的寓言來表達自己的思想和感情，二人又都喜歡用動植物來表達自己的哲理。格拉姆．帕克斯（Graham Parkes）認為尼采使用動植物在歷代哲學家中最多，用了七十多種動物。[24]莊子使用的動物則多達一百四十八例。莊子筆下的鯤鵬雀鴳，龜蛇蚌鱉，大椿雁鵝，海鳥蝸牛，魚猴蜩羊，櫟樹馬蹄，朝菌蟪蛄，一草一木，一魚一鳥，無不栩栩如生。正如湯顯祖所說：「奇物是拓人胸臆，起人精神。」[25]莊子運用這般奇思妙想以打破儒者常規的思想觀念。司空圖《二十四詩品．論豪放》形容鯤鵬展翅一飛沖天的這種壯闊的藝術精神時說：「天風浪浪，海山蒼蒼。真力彌滿，萬象在旁。」鯤鵬展翅和任公子釣大魚均描寫出主體心靈的高揚，體現出開闊壯麗的宇宙視野。鯤鵬展翅是精神的高揚而達到一種天人之境，任公子釣大魚則是俯瞰人生的一

24. 帕克斯〈人與自然——尼采哲學與道家學說的比較研究〉，《道家文化研究》第二輯，上海古籍出版社，一九九二年版，第四〇三頁。

25. 《續虞初志評語．月支使者傳》。

種超邁高遠之志。這樣的思想風格在〈天下〉篇中論述莊周學風時有著淋漓盡致的表現。

3.「獨與天地精神往來」，「以與世俗處」

〈天下〉對莊周學說的評論（共二百二十八個字）的確已超過關尹老聃而「獨占百家之巔」。[26]有關莊周的論述，旨在彰顯其恣縱放任的藝術風格，闡揚其遨遊於天地精神的高遠境界。論述的開端便以汪洋恣肆的語言風格描繪莊周從事物不斷流轉的觀點看人生的變化與走向：「死與生與，天地並與，神明往與！」——個體生命流向宇宙生命，以其至大的胸懷與崇高的理想開創一個達觀的藝術人生。接著，作者以浪漫主義的文風，表達其適性任情的人格特質就是「時恣縱而不儻」、「獨與天地精神往來」，從高遠處觀照世界，將人的心靈之眼上升到無限的時空中。其中意蘊的境界可謂和調切適而上達於天人的最高境界（「可謂稠適而上遂矣」）。其思想視野雖廣闊高遠，然而其內心之情卻飽滿而無止境地流溢著（「彼其充實不可以已」）。

〈天下〉篇在評及莊子的人生觀時言及：「獨與天地精神往來而不敖倪於萬物，

不譴是非，以與世俗處。」「獨與天地精神往來」是心靈與天地精神相遨遊的藝術人生。「不敖倪於萬物，不譴是非，以與世俗處」是以其如此高邁悠遠的藝術人生俯瞰其現實人生，欣賞天地之大美，關注群體和諧社會。他表達出藝術境界中隱含著的道德意蘊。他的藝術人生是一種「任性命之情」，但「以與世俗處」就是要在關懷群己關係中以「安其性命之情」。「任情」要在激發人的創造動力，「安情」旨在群己關係中如何安身立命。

（二）安情——群己關係的和諧

莊子正視人「與世俗處」的群體性生活，期盼一種既能保有個體生命特質，同時又能兼容多元生命面貌的群己關係。而這種群己關係的面向，正是莊子安情說的關注視野。

26. 陸永品《莊子通釋》，經濟管理出版社，二〇〇四年版，第五五八頁。

「安情」說的提出首見於〈在宥〉篇，在文中的直接語境是政治問題，莊子站在「安其性命之情」的立場上揭示出不當的「治」所產生的弊害。[27]權力運用不當所導致的弊害在內篇中已有所闡述。如〈逍遙遊〉最後一句「安所困苦哉」中的「困苦」透露出人間的不幸，人間的不幸首要歸因於政治權力的不當使用。如何走出人生的困境，是莊子學說及先秦哲學共同承擔的核心論題。道家提出無為而治的理念，亦是由「安其性命之情」的立場而發的。而綜觀《莊子》全書，其安情說可以從以下幾個層面進行闡發：

1.「恢恑憰怪，道通為一」——群己關係的匯通

莊子重視個體生命的價值，卻又同時關注群體生命的關聯性。〈齊物論〉和〈秋水〉篇對此均有精闢的論說。

〈齊物論〉開篇便以對比反差的手法交相描述開放心靈與封閉心境的兩種認知型態的不同。該篇首章藉地籟「眾竅為虛」而發出「萬竅怒呺」，洋溢出天地人三

籟的美妙音響，鋪陳出之後的「莫若以明」；接著寫人世間黨派的對立衝突以及各種意識型態的紛爭糾結；接著鋪陳出「隨其成心而師之」，展現出人間各「是其所非而非其所是」的景象。在開放心靈的觀照下，〈齊物論〉提出「道樞」與「兩行」的認知方法。「兩行」意指兩端皆可行，即彼、此雙方皆能有所觀照。「道樞」的關鍵是在對立差異中尋求共同的焦點。[28]〈齊物論〉的主旨如果用一個命題來表述，

27. 〈在宥〉開篇便宣稱：「聞在宥天下，未聞治天下。」「在宥」而任百姓寬鬆自在地生活，而不過度人為地約束管理。通篇指陳歷代統治階層權勢運用不當使民失其真性而形成「治」的弊害。首章一而再地提出「安其性命之情」的呼籲：「天下將安其性命之情，之八者，存可也，亡可也。天下將不安其性命之情，之八者，乃始臠卷傖囊而亂天下也。」「舉天下賞其善者不足，舉天下罰其惡者不給，故天下之大不足以賞罰。自三代以下者，匈匈焉終以賞罰為事，彼何暇安其性命之情哉！」「故君子不得已而臨涖天下，莫若無為。無為也，而後安其性命之情。」〈天運〉再度指陳歷代帝王的「治天下」，名為治而亂莫甚焉。外篇「任情」與「安情」的語境意義都是針對「治之亂」、「治之為害」而提出的。

28. 方東美先生說：「但是，至少在這個一切的觀點及角度裡面，我們可以找出一個共同的焦點，再在這焦點上面，把一切思想對立的差異，通通匯集到此一共同焦點，然後從這個共同點再回看各種理論系統，而後發現：各種理論系統都有它存在的價值，都有它的相對理由，也因而可以容納各種不同系統的見解。莊子從相對性看起來稱之為『兩行』，從共同的真理焦點看起來稱之為『道樞』。」（《原始儒家道家哲學》，中華書局，二〇一二年版，第二五六頁）

即是「相尊相蘊」，[29]而〈齊物論〉中在論述群己關係時說：「物固有所然，物固有所可。無物不然，無物不可。故為是舉莛與楹，厲與西施，恢恑憰怪，道通為一。」這段話正呈現了齊物精神的主題思想，即是說一切物都有它是的地方，一切物都有它所可之處。「然」是指事實的存在性；「可」是指價值的取向性。「物固有所然，物固有所可」即是肯定人、物存在有它的合理性，價值取向有它的可行性。接著，〈齊物論〉說，舉凡小草和大木，醜女和西施，以及種種奇異獨特的現象，從道的觀點來看，都可相互匯通為一個豐富內涵的整體（「道通為一」）。莊子以包容萬物來齊物之所不齊。這齊物精神便是：一方面肯定個物的殊異性，另一方面又從更高遠更寬廣的道的視角，打通萬有存在的隔閡；又從同一性與共通性的面向，使殊異性的萬物相互交會，而統一成為一個眾美匯聚的整體。

莊子在〈秋水〉篇中再度列舉萬物特質多樣性，正如梁柱可以用來撞開城門，卻無法用來堵塞洞穴；千里馬日馳千里，若論捕鼠則不如黃鼠狼；貓頭鷹夜晚能視毫末，白天卻一無所見。進而論證萬物特質的多樣性、生命樣態的豐富性，乃是「天地之理，萬物之情」。[30]而這也正是〈齊物論〉「恢恑憰怪，道通為一」的意義所在。〈齊物論〉和〈秋水〉著重於從認知的角度，力求破除自我中心的局限，而以開放的心靈尊重觀點的多元性，同時欣賞萬物的多樣性。個人以自我為中心，從成心出發，而出現意見、觀點和主張的衝突。但如果擁有開放的心靈，認識到各種觀點的相對性，不以自己的觀點為絕對的真理和權威，而能夠尊重他人觀點的價值和合理性，就可以從主體的自我為中心臻至於互為主體，即主體之相互含攝。

莊子這種「恢恑憰怪，道通為一」的齊物精神，在《淮南子．齊俗訓》中再度被凸顯。例如〈齊俗訓〉言「形殊性詭，所以為樂者乃所以為哀，所以為安者乃所以為

29. 〈齊物論〉講：「旁日月，挾宇宙，為其脗合，置其滑涽，以隸相尊。眾人役役，聖人愚芚，參萬歲而一成純。萬物盡然，而以是相蘊。」「以隸相尊」和「以是相蘊」可概括為「相尊相蘊」。

30. 〈秋水〉在河伯與北海若第四次對話中再次言及萬物特質的多樣性與生命樣態的豐富性，云：「梁麗可以衝城，而不可以窒穴，言殊器也；騏驥驊騮，一日而馳千里，捕鼠不如狸狌，言殊技也；鴟鵂夜撮蚤，察毫末，晝出瞋目而不見丘山，言殊性也。故曰：蓋師是而無非，師治而無亂乎？是未明天地之理，萬物之情者也。」

危也。乃至天地之所覆載、日月之所照認，使各便其性、安其居、處其宜、為其能」，〈齊俗訓〉又言「百家之言，指奏相反，其合道一也」，展現了涵容多元的寬容態度。從莊子的齊物到秦漢道家所彰顯的萬物特質的多樣性、生命樣態的豐富性「其合道一也」。這不齊之齊的精神和當代地球村中不同的族群、不同的生活方式相互尊重共存發展的精神相互呼應。

莊子的齊物精神正是在彼此尊重差異的寬容中，個體生命的獨特性得以在群體生活中展現其各自的功能，「是不用而寓諸庸」（〈齊物論〉）；同時，也正是在高揚個體生命的獨特性中，讓群體生活中的多元開放性有了實現的基礎。這相互關聯的群己關係，正是莊子安情說的重要關注之處。

2.「仁義其非人情乎」——德行倫理之人情化

上述莊子以宇宙的視野關注現實社會，重視個體與群體之間的相互尊重、相互包容的和諧關係，以此提出「恢恑憰怪，道通為一」的論述。接著，莊子後學復關注到在現實社會中人倫規範起著調節群己關係的作用，由是在〈駢拇〉篇中提出仁義人情化的議題：「仁義其非人情乎！」這呼聲具有劃時代的意義。在我們進行論述之前，有幾點尤其值得留意：一、「人情」一詞在古典哲學著作中，首見於《莊子》（這一點在前文已一再提及）；二、仁義之「人情」化的呼聲，始見於《莊子》學派；三、從《莊子》書整體觀之，「仁義人情化」已成為顯題化的議題之外，還隱含著「禮樂人情化」的未顯題化議題。[31]

仁義禮樂順乎人情的心聲始於原始儒家，而道家亦然。中外不少學者認為老子是

31. 禮樂之合乎「人情」，自先秦稷下黃老道家至《淮南子》出現了一條內在聯繫的思想脈絡。如稷下黃老道家的代表作之一〈心術〉篇便明確地提出禮是因宜人情而制定的各種儀節。這句著名的話是這樣說的：「禮者，因人之情，緣義之禮而為之節文也。」（《管子．心術上》）這話到西漢淮南子學派便有著直接的響應，云：「故禮因人情而為之節文，而仁發併以見容。禮不過實，仁不溢恩也，治世之道也。夫三年之喪，是強人所不及也，而以偽輔情也。三月之服，是絕哀而迫切之性也。夫儒、墨不原人情之終始，而務以行相反之制……」

反人文及倫理思想者。[32]實際上，孔、老在人文議題上都有許多相通之處。就歷史根源而言，孔、老皆繼承殷周的文化源頭，從殷周即重視祖先崇拜，甲骨文中祭祖的頻繁出現體現出血緣的凝聚力乃至民族的凝聚力。孔子由親情出發倡導以仁孝為本的倫理學說；而老子亦強調「與善仁」，認為人與人交往要「仁」，並視「慈」為三寶之一，而且一再宣揚「有孝慈」、「民復孝慈」。凡此可見，孔子和老子共同體現出人文精神的人倫觀是有歷史脈絡可循的。

近年湖北荊州出土的早期儒家文獻《性自命出》說：「道始於情，情生於性。」「凡人情為可悅也。」「禮作於情，或興之也，當事因方而制之。」可惜，原始儒家的這種禮義之人情化的主張在漢宋有影響的儒家學者中都沒有傳承下來。

而在戰國中後期，「禮相偽」（〈田子方〉），而使百姓「離實學偽」（〈盜跖〉）的現象層出不窮。所以，莊子後學才會生動地創構出「儒以詩禮發冢」的寓言，以儒生既吟誦詩禮又掘墓盜珠的極其荒誕行為辛辣地諷刺了這一社會普遍現象（〈外物〉）。此時，原始儒家所倡導的倫理規範已經失去了本真性情的依據，異化成虛文，而成為束縛人心的外在教條，甚至淪為竊國盜世者的工具。莊子學派所批判的仁義禮樂正是這異化的教條。

《莊子》外篇之首〈駢拇〉是一篇專論人性的作品，在「任其性命之情」的主題下，指出權勢階層和思想界將原本合於人性自然的人倫之道過度地意識型態化，「屈折禮樂，呴俞仁義」，使仁義禮樂成為「膠漆墨索」，束縛人性之常然，而淪為「削性侵德」之利器，導致「天下莫不以物易其性」，「以仁義易其性」。因而，莊子學派沉痛地發出「意仁義其非人情乎」的呼喊，認為真正的仁義道德應出於人的性情，是發自內心的真情實感。「仁義其非人情」是戰國中後期的一個重大的時代課題。

而且，儒家倫理的異化而導致的「殘生損性」的景象在歷史上不斷出現，魏晉時期所凸顯出來的自然與名教的衝突，宋明時期「存天理而滅人欲」的主張激起戴震發出「以理殺人」的批評和「順民之情，遂民之欲」的呼聲，表明仁義人情化與異化的

32. 學者們認為老子反人文及倫理的誤解起源於排佛老的宋明道統學者，這一誤解一直延續到現在，影響擴散到西方學界。

對立實際也是歷代的大課題。

而在莊子看來，仁義應該是人的內心情感的自然流露。所以，莊子說：「端正而不知之為禮，相愛而不知之為仁。」（〈天地〉）同時，莊子發展了孔子「仁者，愛人」（《論語．里仁》）的思想，提出了「愛人利物之謂仁」，進一步將仁的內涵由「愛人」擴大到「利物」。

真正發自於人的性情的仁義禮樂，不但不會給人帶來任何束縛和限制，而且能夠達到自得自在、安適之至的生命境界，如〈大宗師〉講到「忘仁義」、「忘禮樂」。「忘仁義」意味著實行仁義達於自得自在、安適之至的境界；「忘禮樂」意味著行禮樂達於自得自在、安適之至的境界。莊子以適然忘境來賦予仁義禮樂以深刻的生命境界的內涵亦於外雜篇有所表現。例如，〈天運〉篇中商太宰問仁於莊子，莊子回答「至仁無親」；問及「孝」，莊子回答：「以敬孝易，以愛孝難；以愛孝易，而忘親難；忘親易，使親忘我難；使親忘我易，兼忘天下難；兼忘天下易，使天下兼忘我難。」「孝」是儒家倫理的基礎，莊子借用孔子的論題進一步提升它的意境。他對孝的解釋，突出了一個「忘」字。作為莊子特殊用語的「忘」，是安適而不執滯的心境之寫照。他的孝要自己安適，父母安適，天下人安適。相對於從尊敬、親愛等角度來理解孝的意涵，莊子更肯定從安適、自得、無牽掛的親情互動來體現仁和孝的精神。很顯然，莊子是在道的高度為仁義禮樂孝等儒家習談的人倫規範設立一個更深厚的義理背景。〈庚桑楚〉講：「至禮有不人，至義不物，至知不謀，至仁無親，至信辟金。」「至禮」、「至義」、「至知」、「至仁」、「至信」是對禮、知、仁、信等人倫規範向道的高度予以提升。

由上可見，莊子並不是完全否定世俗的倫理規範，而是否定異化後的、不符合人的情性的倫理教條。莊子在社會現實的一面重視「與世俗處」，重視人與人之間安適、和諧關係的建立，肯定出自人的情性的、使人與人之間自然和諧的仁義禮樂等倫理規範。這「與世俗處」的一面與孔、老相通。而在「與天地精神往來」的一面，莊子實際上將老子和孔子的仁義禮樂觀朝生命境界面向加以轉化與提升了。

3. 濠上觀魚之樂——審美心境觀照下的物我之情會通

我們再進一步將「安情」視野由群體關係轉向個體生命。在個體生命如何安身立命的問題上，莊子著意如何從現實人生轉化為藝術人生。[33]

在現實人生中，莊子提出「守宗」、「主根」以修養情性，[34]通過「養神」來培養審美心境，進而開創藝術人生。

莊子的藝術人生，以個體生命情趣之舒展及創發為基點，著眼於群己關係。然而其思想視野與精神領域不僅僅局限於人類社會，更要在廣闊的大自然中來安善人的「性命之情」。如《莊子》開篇〈逍遙遊〉主題是遊於無窮，一如〈則陽〉所說「遊心於無窮」；〈齊物論〉則以「旁日月，挾宇宙」的恢宏氣勢，體現出莊學「萬物與我為一」的寬敞心胸及高遠情懷。在先秦諸子「此務為治」的大方向上，莊子再將現實人生轉化為藝術人生，其理性思辨的深邃與感性思維的寬廣，在諸子之中的確是最為獨特的。要之，莊子的藝術人生以「天地有大美」為其存在背景，而大美之天地乃以道之「至美至樂」為其本源及根據。[35]

33. 「藝術人生」的提法較早見於朱光潛的《文藝心理學》及其《談美》的作品中，後者其中一小節即以「人生的藝術化」為標題。其後，錢穆在《中國思想史》中提到孔孟楊墨所講是一種道德人生，莊子所追求的是一種藝術人生（香港新亞書院，一九六一年版，第三〇頁）。而對藝術人生論述得最為精闢的是徐復觀的《中國藝術精神》，如言：「道是美，天地是美，德也是美；則由道、由天地而來的人性，當然也是美。由此，體道的人生，也應即是藝術化的人生。」（學生書局，一九六六年版，第五九頁）

34. 「守宗」出於〈德充符〉。該篇開篇運用對比反差手法描寫寓言人物王駘的身體殘缺與內在精神之完美。關於「守宗」的話題是這麼說起的：死亡和生存是人生的大事，面對死生的大關，王駘卻能保持心靈獨立不倚，安於無所依恃而不跟隨外物變遷（「審乎無假而不與物遷」），且能主宰事物的變化而持守生命的主軸（「命物之化而守其宗也」）。在生命過程中，人總會遭遇到種種變故和價值的糾結（比如死生存亡、窮達富貴、賢愚毀譽、飢渴寒暑），這都是事物的變化，運命的流行。最重要的還在於掌握生命的主軸、把握事物的根源（「守宗」），不能讓它們擾亂自己平和的心境。人的生命過程猶如長途跋涉，積厚方能致遠，這就是「立根」的工夫。〈逍遙遊〉中的鯤鵬寓言由鯤之潛藏而至鵬之高飛，復喻示著人的心靈由沉積而高舉。人生高遠的境界，並非一蹴而就，需要拾階而上，層層攀登。遠大的事業，正需要毅力和耐心一點一滴地累積出來。莊子筆下鯤化鵬飛的過程中，首要強調積厚之功，後文說：「夫水之積也不厚，則其負大舟也無力……風之積也不厚，則其負大翼也無力。」行文中，「化」、「怒」（「努」）、「海運」、「積厚」等關鍵語詞，無不蘊含著鯤化鵬飛需要具備主客觀條件：海水深厚，才能畜養巨鯤；海風強勁，才能運送大鵬。這是所需的客觀條件。鯤的潛藏海底，深畜厚養，乃能「化而為鵬」，鯤的變化（「化」）需要經年累月的養育之功，乃能由量變到質變。——「積厚」的工夫是完成生命氣質變化的充分而必要的主觀條件。

35. 《莊子．知北遊》：「天地有大美而不言。」《莊子．田子方》：「夫得是至美至樂也。」

莊子將現實人生點化為藝術人生。他運用豐富的想像力，將至美至樂的藝術精神及性命之情安放在大自然的優美情境中。以往士人都是在廟堂之上或學宮之內坐而論道，而莊子則將其表達人生哲理的場所轉移到山林之間、溪澗之旁。

〈秋水〉篇末，莊子與濠上觀魚論辯的場景，這在古籍中是罕見的。這眾所周知的故事是如此記載的：

莊子與惠子遊於濠梁之上。莊子曰：「儵魚出游從容，是魚之樂也。」惠子曰：「子非魚，安知魚之樂？」莊子曰：「子非我，安知我不知魚之樂？」惠子曰：「我非子，固不知子矣；子固非魚也，子之不知魚之樂，全矣！」莊子曰：「請循其本。子曰『汝安知魚樂』云者，既已知吾知之而問我。我知之濠上也。」

莊周濠上觀魚之樂的故事，正是他那審美化的宇宙觀與人生觀的流露。老莊的自然哲學給人們打開了一個巨大的時空意識。莊子哲學持一種有機的自然觀，認為人與人以及人與物之間，並非各自獨立隔絕的，而有著許多共同之點與相互感通之處。人接觸外界景物，景物的型態引發人的情思。人們常因景物的觸發而產生獨特的感受，並將自己的感受及情趣轉移到景物之上，所謂「觸景生情」。濠上觀魚之樂揭示了情景交會時，審美主體在美感經驗中透過移情作用，將外物人性化，將宇宙人情化，以安善人的「性命之情」。

惠莊觀魚之樂這則著名的故事，不少當代學者有著精闢的解說。[36]我個人也在不同時期提出過不同的論點，現在針對與莊子情論有關的議題，依著故事情節的順序，將對話中的關鍵語詞做如下幾點詮釋：

①莊子與惠子「遊於濠梁之上」——審美主體與審美客體之情景交會

這個故事的開端打開了這樣一個特殊的場景：莊子與其摯友惠子遊於山水之美的

36. 如朱光潛的〈子非魚安知魚之樂〉，收於其書《談美》（開明書店，一九七九年版）；張岱年的〈莊惠濠梁之辯〉，收於《張岱年全集》第八卷（河北人民出版社，一九九六年版）。

濠梁之上。在這裡，「遊」是主體的審美活動，「濠梁」是審美的客體，主體「遊」於客體，便產生了情景交會。

我們可以這麼說，《莊子》哲學的最大特點莫過於闡揚「遊」與「遊心」。[37]在濠上的山水美景中，安然適意的莊周，由審美主體和審美客體的交接，而導致主體之情與客體之景的交會融合，進而表現出對山水的歡愉之情，就如〈外物〉所說，「大林丘山之善於人也，亦神者不勝」。而大林丘山之所以能引人入勝，使人心情舒暢，並非僅僅由於山水之美，亦由於主體的審美情思能與之相映，從其外在型態的美中激發出其內在意蘊的美。這也就是宗炳〈畫山水序〉中所說的「山水以形媚道」，「山水質有而趣靈」。

濠梁之上的情景交融，引發了人的想像力與情思。莊周置身於如此清悠的林路溪水之間，物我交接，自然景物讓人倍感親和，審美主體與審美客體產生了精神上的交流與契合，故而莊子有感而發地說魚是快樂的。這就是魏晉人所說的「濠濮間想」。[38]

②「鯈魚出游從容，是魚之樂也」——「兩類相召」而產生移情作用

莊子由於小白魚「出游從容」的姿態而欣然地說「是魚樂也」，這使我們想起〈田子方〉篇所謂「兩類相召」——物與物相互招引。人與物之間、物與物之間是「一氣相同通」的，[39]主體之情與山水之景的交流不是單邊的，而是相互作用的。這就是古人所謂「情以物遷」（《文心雕龍．物色》）。在情景交融中，主體的「情」起著相當重要的作用。[40]

37. 「遊」字在《莊子》書高達八十八見，是諸子之冠，而其意涵尤屬獨特。以老莊為代表的道家，開創了許多獨創性的語詞與思想觀念，但《老子》全書「遊」字未見一次。《論語》雖出現「遊於藝」之語，但徐復觀先生《中國藝術精神》特意指出，《論語》的「藝」字主要指的是「生活實用中的某些技巧能力」，而《莊子》中的「遊」則多喻指審美的心理活動。《莊子》中的「遊」概念，在先秦諸子中具有特殊的意涵。

38. 《世說新語．言語》第六十一條：「簡文入華林園，顧謂左右曰：會心處不必在遠，翳然林水，便自有濠濮間想也。不覺鳥獸禽魚，自來親人。」

39. 〈大宗師〉講：「遊乎天地之一氣。」〈至樂〉講：「通天下一氣。」

40. 正如朱良志先生所說：「情感是神思的推動力……在心物交融活動中，情感起到至關重要的作用。在想像活動中，由於有感情的加人，『登山則情滿於山，觀海則意溢於海』。」（《中國美學名著導讀》，北京大學出版社，二〇〇四年版，第九一頁）

在心物交融的活動中，一方面，遨遊於濠上美景的莊子，遊目騁懷，油然產生無可言喻的愉悅之情。——這即是外在景物對審美主體的心境所產生的安情作用，體現出山水有情的一面。另一方面，外界景物呈現出的特有神態（「出游從容」）引發了觀賞者的情思，使他將自己的感情附著於外物。——這即是審美主體的移情作用。莊子說「是魚樂也」，即是將自身的愉悅之情投射於小白魚之上。這就是《文心雕龍》所說的「神與物遊」。

③「子非魚，安知魚之樂」——理性分析與感性同通的區別

同樣是遨遊於自由自適的環境中，莊子感受到「魚之樂」，惠子卻提出「子非魚，安知魚之樂」的問題。惠子對莊子的質疑彰顯了理和情的對顯。莊子具有藝術家的心境，對於外界的認識，常帶著觀賞的態度。他往往在感受到外物情態的同時，將主體的情意投射到外物上，產生移情同感或融合交感的作用。惠子則帶有邏輯家的性格，強調概念的清晰性與判斷的有效性。莊子和惠子的辯論，一個是在觀賞事物的美、悅、情，一個是在進行理性的認知活動，各人站在不同的立場與境界上，故而一個有所斷

言，一個有所懷疑。

儘管如此，惠莊依然有其共通處，二者都有萬物一體的宇宙觀，惠子曾說：「泛愛萬物，天地一體也。」可見，二人都認同天地萬物一體的觀點。更重要的是，雖然惠莊二人思維有著感性同通和理性分析之別，然而綜觀《莊子》全書，莊子並沒有將二者割裂，而是肯定了理和情的聯繫。《莊子》書將理和情關聯起來討論達到六七次之多。如〈則陽〉篇中說：「孰正於其情，孰偏於其理。」〈秋水〉篇說：「蓋師是而無非，師治而無亂乎？是未明天地之理，萬物之情者也。」

④「請循其本」——情性一如而物類相通

關於「請循其本」，注釋者一般都根據成玄英所說的「尋其源」，解為探尋話題的源頭。不過，從《莊子》本文來看，它的意思更傾向於是指天地萬物都源於道、本於氣，「本」也就意味著道氣相通、情性一如。

物我之情相通的理論根據即《莊子》所言「通天下一氣耳」（〈知北遊〉），天地萬物都是由氣構成的有機整體，氣是構成萬物的共同元素，也是物物之間能相感相通的中介。到漢代，王充提出「同類通氣，性相感動」（《論衡．偶會》），指出一切有形的天地萬物皆由「元氣」構成，是物與物之間存在著的相互作用的普遍現象。漢代的「元氣」實即莊子的「一氣」，在莊子氣化宇宙觀的基礎上，殊別的萬物有共同的根源，因而在情感上也能夠相互交流感通。

⑤「我知之濠上」——物我情意相通

欣賞濠上山水之美的「知」，是屬於感性同通之知，也是一種直觀之知。張岱年先生曾說：「莊子肯定『魚之樂』，可以說是以模擬為根據的直覺。」張先生還提到，「人與其他生物共處於一個世界中，保護生物的生態環境，也就是保護人類的生態環境」。[41]天地萬物本是一個有機整體，人是萬物之一，物我同源，同類相召，情意相通。然而，現代人陷溺在人類自我中心的意識型態中，任意毀壞萬物，導致全球性的生態危機。要真正解決生態環境的問題，人類需要從動輒砍伐森林、殺戮生物的惡習中，返回到物我融通的性命之情上。人們只有被激發出對山河大地的審美意識，懂得欣賞萬物之美，感物而後動，才能真正建立保護生態的意識，進而上升到「天地與我並生，萬物與我為一」的齊物境界。

科技發達雖然給現代人帶來了便利快捷的物欲生活，但人與人之間卻產生了嚴重的疏離感。相較於此，莊子透過觀賞濠上的自然美景，將自身的性命之情安放於大自然中，因著情與景的交流而產生物與我的情意相通。這份人與天地之間的親和感，正適合充滿孤立感的現代人重新細細品味。

濠上觀魚的故事隱含著許多重要意涵。從文化發展史上看，它成為後代文學物感說、神與物遊說、暢神說的重要素材。莊子以氣說為基礎的同類相召之論，正是鍾嶸「氣之動物，物之感人，故搖盪性情，形諸舞詠」之物感說的源頭；[42]將觀賞濠上美景所得的安適心境推及魚兒從容之樂的這種主體之情與客體之景的交相匯流，可謂是

41. 張岱年〈莊惠濠梁之辯〉，收於《張岱年全集》第八卷，第三九九頁。

42. 關於哲學上的氣說與文學上的物感說之間的關係，羅宗強說：「文學上的物感說不同於哲學上的氣說。氣說只是說明，萬物一氣，故能相通相感。氣說是物感說的哲學基礎，而物感說則是從氣之相通進而為情之交流。」（《魏晉南北朝文學思想史》，中華書局，二〇〇六年版，第八〇頁）

劉勰「神與物遊」（《文心雕龍．神思》）的思想淵源；將自身的性命之情安置於天地的大美之中，觀魚出游而生歡愉之感，正是宗炳「澄懷味象」以達「暢神」（〈畫山水序〉）的寫照。就這則故事的現代意義來說，濠上觀魚的審美情懷，一方面教我們懂得欣賞萬物之美，進而產生保護生態的意識；另一方面教我們親近大自然，透過安放性命之情於天地大美中，將我們從人與人、人與物間的疏離感、孤立感中解放出來。

總結地說，在這一則濠上觀魚的故事裡，莊子已由理性認知的領域轉入感性同通的境地，打開了一個抒情的時代。

（本文原刊於《哲學研究》二〇一四年第四期）

《莊子》抒情傳統在後代的回響

我曾分別於《哲學研究》二〇〇九年第二—三期、二〇一〇年第十二期以及二〇一四年第四期發表〈開放的心靈與審美的心境——《莊子》內篇的心學〉、〈莊子論人性的真與美〉、〈莊子論情：無情、任情與安情〉三篇關涉「莊子人性論」的文章。本文旨在延伸此前情性論的脈絡視角，申述《莊子》文本中有關「情」的議題及後世對此議題的賡續。

一、《莊子》開啟後代論「情」的序幕

縱覽先秦傳世文獻，人性論範疇中的「情」議題首見於《莊子》，情性論意義上的「人情」概念亦始出自《莊子》。《莊子》論「情」，全書多達六十次，內篇凡十九處。概言之，「情」字本身兼具「真」、「實」和「感情」的雙重意涵。而內七篇言「情」條理明晰、

脈絡貫通，與外雜篇一道形成完整的思想回路，於生命智慧中隱喻著倫理關照，於藝術境界中含藏著道德意蘊，開啟了中國人性論史上綿延、波瀾的抒情傳統。

遍觀先秦自然人性論，「人情」概念在〈逍遙遊〉和〈駢拇〉兩篇中的出現，[1]構築起內、外篇於情性論向度的紐帶，並標識著《莊子》論「情」以「人情」為起點。內篇論「情」可劃歸為「人情」、「天情」、「道情」三個主要概念，三者之間又顯現出逐層攀升的趨向。[2]由人及天，由天及道，其間亦不乏著眼於天人視角的整體性思維。「人情」在描繪「神人」時，意指生命的本真狀態；「天情」在講論「死生」時，隱喻自然之實情；而「道情」在形上建構中，意指宇宙之深情。於《莊子》而言，生命（性命）淵源於天而稟賦於道，道具有「刻雕眾形」的「生生」功能，[3]所謂「道與之貌，

1. 「人情」見於〈逍遙遊〉的「大有徑庭，不近人情焉」及〈駢拇〉的「仁義其非人情乎」。
2. 「天情」引自〈養生主〉「是遁天倍情，忘其所受，古者謂之遁天之刑」；「道情」見於〈大宗師〉的「夫道，有情有信，無為無形」。
3. 「生生」語詞見於《莊子．大宗師》「生生者不生」及《列子．天瑞》」不生者能生生，不化者能化化」。

天與之形」，人情亦是本於天情而溯源於道情的。由此，人情實然並應然地指向天情乃至道情的意境，個體生命的情調只有與天地廣博的情懷、宇宙深沉的情愫相貫通，才能返歸其本真的狀態。正因如此，〈德充符〉中的「無情」一說，恰是對「情」的超脫與提升的寫照，其所需滌蕩之「情」實乃負累之情，是封閉心靈和狹隘心境囿於人的視域，毀傷內在本性的好惡情欲，而非開放心靈和審美心境、復歸內在本性的真情實感。

自內篇迄至外篇，「情」的昇華轉向「情」的落實，其間貫穿的「人情」概念亦多以「性命之情」或「性情」連言的形式表徵。[4]內篇「真」與「實」意義上的「情」灌注到人間便成為人的「感情」。由此，外篇論「情」，側重於道情（或天情）於現實人性中的灌注，迸發出「任其性命之情」和「安其性命之情」的呼聲。《莊子》文本中，這一向上提升與向下灌注並舉的態勢，正是方師東美先生意味的「上下雙迴向」。「道」所通達的玄妙之境，不僅以「無」或「反」為究極始基，而且更注目於存有界的保有，二者乃是一體兩面的關係。具體到「情」的議題，這一「雙迴向」的態勢之於《莊子》的意義在於，隱含著「性情一體」的人性論內涵並提點出人倫合乎情性的道德意蘊，所謂「性情不離」、「反其性情」、「反汝情性」、「仁義其非人情乎」等。由此，人群之間的倫常規範是本乎人情而合乎人性的，真情的流露即是本性的回歸，「性命之情」即指生命的本真狀態。因而，個體生命馳騁於天地間，既需「任其性命之情」般順任本性、激發潛能、放達意境，又需「安其性命之情」般秉持倫常、相尊相蘊、會通物我。自此而言，《莊子》並非反對倫理道德，其「任情」、「安情」的呼喊更具劃時代的意涵，揭開了後世暢敘「情」意的歷史序幕。

4. 「性命之情」見於〈駢拇〉的「彼正正者，不失其性命之情」；「性情」見於〈馬蹄〉的「道德不廢，安取仁義！性情不離，安用禮樂」。

二、魏晉之際顯題化的重「情」思潮

經由《莊子》對「人情」概念的首倡，《荀子》中也多次提到「人情」，如「人情之所同欲也」、「人情之所必不免也」等等，將「人情」作為人類同通共有且不可逃離的普遍情感。但〈性惡〉一篇在講論「人情」的價值屬性時，卻依託堯舜之言曰：「人情甚不美，又何問焉！……人之情乎！人之情乎！甚不美，又何問焉！唯賢者為不然。」顯然，《荀子》的這段論述將聖賢與凡愚之情判若雲泥，以人情之不美照應人性之惡，意在解構《孟子》以社會意識附著人之本性的「性善論」框架，促成中國人性論史上延續千年的人性善惡之爭。事實上，這不僅與孔子自然人性論中由「情」說「仁」的意旨迥異，[5] 更與莊子情性論對「人情」的正面架構殊途，從而引領著後世儒者貶抑人情的歷史先聲。

西漢董仲舒以降，以陰陽、善惡觀念比附性情關係，以「性」為陽、善，以「情」

為陰、惡，褒揚「性」而貶抑「情」的二元割裂格局，禁錮著漢儒的人性論架構。[6]相形之下，《呂氏春秋》和《淮南子》作為秦漢黃老道家的代表，正是繼承先秦稷下黃老之學，尤其是《管子．心術上》「禮者，因人之情，緣物之理，而為之節文者也」的觀點，不但未曾以「性」貶抑「情」，而且也沒有因人倫而壓制情性。就情性關係乃至情禮關係而言，他們首先給予「人情」概念足夠的凸顯和正面的闡釋，其次重返《莊子》中倫理與情性的問題視域，倡導緣「情」制「禮」的秩序模式，視人情為倫理架構的重要尺度，即所謂「反諸人情」（《呂氏春秋．誣徒》）、「禮因人情而為之節文」（《淮南子．齊俗訓》）等。因此，道家傳統自先秦過渡至兩漢，其間的人性理論無不藉由回應莊學而重述「人情」議題的道德意蘊。

5. 關於孔子由「情」說「仁」的自然人性論面向，參看馮達文《中國古典哲學略述》，廣東人民出版社，二〇〇九年版，第二六頁。

6. 如董仲舒在《春秋繁露．深察名號》中有論斷云：「天有陰陽禁，身有情欲，與天道一也……天之禁陰如此，安得不損其欲而輟其情以應天。」

魏晉之際，以王弼、嵇康為代表的玄學家，祖述老莊，精論「情」旨，將「情」的議題由哲學上的未顯題化擴展至顯題化，造就了中國人性論史上「一往情深」[7]的時代。[8]

（一）王弼「聖人有情」論

圍繞「情」的議題，匯通三玄的王弼與何晏關於「聖人有情、無情」的爭論，承接著〈德充符〉中的惠莊之辯，喚醒了魏晉之際的「情」意自覺。何晏認為聖人「無喜怒哀樂」之情，而王弼卻主張聖人「茂於人者神明也，同於人者五情也」。[9]二者的表述雖迥然不同，但就《莊子》「雙迴向」的論「情」脈絡而言，何晏與王弼的差異也並非絕對。何晏側重於自「人情」而及「道情」的境界提升面向，而主「無情」；王弼側重於由「道情」而至「人情」的工夫灌注面向，而主「有情」。王弼的「有情」論是在釐清物累之情與體「無」之情的基礎上，將體「無」之情作為聖人的自然屬性，並且著意於探尋現實人生中「任情」、「安情」的「應物」之道，為「情」議題的後世回響提供契機。

所謂的物累之情與體「無」之情，實際上又與王弼「性其情」命題中的「情之邪」、

7.「一往情深」一語，出自《世說新語．任誕》，云：「桓子野每聞清歌，輒喚『奈何』。謝公聞之曰：『子野可謂一往有深情。』」可見，「情」的議題已然浸潤於魏晉名士的群體性格中，並同時勾勒著整個時代的氣象。

8. 關於莊子對魏晉時代的影響，聞一多曾有一段生動的描述：「一到魏晉之間，莊子的聲勢突然浩大起來……莊子忽然占據了那全時代的身心，他們的生活、思想、文藝。——整個文明的核心是莊子……從此以後，中國人的文化上永遠留著莊子的烙印。」（參看聞一多《聞一多全集》第二卷，三聯書店，一九八二年版，第二七九—二八〇頁）宗白華談到：「晉人向外發現了自然，向內發現了自己的深情……晉人的美感和藝術觀，就大體而言，是以老莊哲學的宇宙觀為基礎。」（宗白華《美學散步》，上海人民出版社，一九八三年版，第一八三、一八七頁）張法明確地指出：「莊子不是在先秦而是在魏晉才成為中國文化的重要形象……莊子在無情中蘊含著宇宙的大情，正契合於玄學在超世的姿態中內含入世之心。」（張法《中國美學史》，四川出版集團、四川人民出版社，二〇〇八年版，第八〇頁）

9.「何晏以為聖人無喜怒哀樂，其論甚精，鍾會等述之，弼與不同，以為聖人茂於人者神明也，同於人者五情也。神明茂，故能體沖和以通無；五情同，故不能無哀樂以應物。然則聖人之情，應物而無累於物者也。今以其無累，便謂不復應物，失之多矣。」（《三國志．魏志．鍾會傳》注引何劭《王弼傳》）

「情之正」相對應。[10]情感的發顯受欲望的牽絆而喪失其本真的狀態，即為「情之邪」；內心恬靜而行止有度，雖然有欲，卻能不逐欲而遷，欲望的存在也不障礙本性與真情的流露，則是「情之正」，也可稱為「以情近性」或「性其情」。此外，「情」議題之於王弼的顯題化特徵還在於，他進一步釐清「近性」與「即性」的分野，指出「近性」之情並不就是「性」，而仍是「情」本身。所「正」者為「情」而無需將其扭轉為「性」，「即性」之情反而不得其「正」。關於「性其情」這一命題，現代學者中有兩個比較突出的論點：其一是自體用動靜的視角，指出性、情二者並非對立關係，而是性靜情動，性為情之體、情為性之用的體用關係；其二為從儒道同異的角度，將「性其情」劃分為「以情為性」和「以性制情」或者「性情」和「情性」兩個面向，並認為前者保存了道家的自然天真，而後者卻是儒家的禮樂教化。[11]可以說，面對漢儒割裂情性、禁錮人性的二元框架，王弼一方面通過闡釋聖人體「無」之情，申論「情」的人性論意義；另一方面以其「崇本息末」的貴無體系推究「性」、「情」的形上架構，進而以「性」為本，以「情」為末。

總體看來，王弼論「情」終究延續著老學的特質，其話語體系中的「性」相當於《老子》中「德」的範疇，其體用、本末的邏輯系統更是對《老子》「有」、「無」兩大範疇的詮釋。[12]

就《莊子》薰陶下的「情」意激盪而言，王弼不及之後的阮籍、嵇康。但是，無論如何，通過王弼「聖人有情」論和「性其情」命題的渲染，魏晉名士紛紛圍繞「情」的議題映射時局，抒懷胸臆。比如，阮籍的「莫識其真，弗達其情，雖異而高之，與向之非怪者，蔑如也」（〈大人先生傳〉），倡導「達情」的面向；嵇康的「矜尚不存乎心，故能越名教而任自然；情不繫於所欲，故能審貴賤而通物情」（〈釋私論〉），

10. 《論語釋疑．陽貨》：「不性其情，焉能久行其正？此是情之正也，若心如流蕩失真，此是情之邪也。若以情近性，故云性其情。情近性者，何妨是有欲。若逐欲遷，故云遠也；若欲而不遷，故曰近。但近性者正，而即性非正；雖即性非正，而能使之正。」《周易注．乾卦》：「不為乾元，何能通物之始？不性其情，何能久行其正？是故始而宗者，必乾元也；利而正者，必性情也。」

11. 參看林麗真〈魏晉人論「情」的幾種面向〉，《語文、情性、義理——中國文學的多層面探討國際學術會議論文集》，一九九六年七月，第六三五頁。蔣麗梅《王弼〈老子注〉研究》，中國社會科學出版社，二〇一二年版，第一五四頁。

12. 參看《張岱年全集》第二卷，河北人民出版社，一九九六年版，第二二二頁。

凸顯「任情」的關照；張湛的「故當生之所樂者，厚味、美服、好色、音聲而已耳。而復不能肆性情之所安，耳目之所娛」（《列子注》），標示「肆情」的主張；[13]而郭象的「達生之情者，不務生之所無以為；達命之情者，不務命之所無奈何也，全其自然而已」（《莊子注》），闡發「適情」的境界。[14]

（二）嵇康的「任情」與「安情」

與王弼注重體系建構的老學路徑不同，嵇康更多地承繼感情超脫、審美自覺的莊學。同樣，與王弼傾向於「情」自本及末、從上至下的灌注不同，嵇康側重於「情」由下而上的提升。如果說，前者屬於「安情派」，那麼，後者則一方面屬於「任情派」，如「越名教而任自然」的議題，另一方面又於「任情」之中夾雜有「安情」的脈絡，如〈聲無哀樂論〉一篇。

事實上，嵇康與王弼的不同，有其深刻的現實根源。他對「情」的凸顯，既影射著正始至嘉平年間的殘酷現實——「屬魏、晉之際，天下多故，名士少有全者」（《晉書・阮籍傳》），又含藏著竹林名士的理想願景。面對高平陵之變後統治集團的更迭與波動，滿懷抱負的名士群體有著各自不同的憤激與憂鬱，但談論「三玄」卻能觸及他們共同的價值取向。嵇康由老學轉向莊學，於「任情」中流露出「安情」，正是藉莊子的「情」意賦予苦悶心靈以超脫的情懷，從而開創出文人傳統的實際走向。

嵇康「任情」的特質以倡導「越名教而任自然」最為鮮明。[15]〈釋私論〉一篇中，嵇康以「自然」論「情」。所謂「任自然」實指「任心」，「任心」的歸屬在於不受外部倫常框架的制約而遵循內在道德本性的條理，進而達至順通物情、不違大道的君

13. 許抗生曾對張湛的「肆情論」思想闡述詳盡，他指出：「張湛的『肆情論』是為了『去自拘束者之累』（《楊朱注》），解去名教的桎梏和生死利害的糾纏，按照人的真實本性生活。這與嵇康的『越名教而任自然』是前後呼應的。」（許抗生《魏晉玄學史》，陝西師範大學出版社，一九八九年版，第四四七頁）

14. 參看何善蒙《魏晉情論》，光明日報出版社，二〇〇七年版。

15. 〈釋私論〉：「夫稱君子者，心無措乎是非，而行不違乎道者也。何以言之？夫氣靜神虛者，心不存於矜尚；體亮心達者，情不繫於所欲。矜尚不存乎心，故能越名教而任自然；情不繫於所欲，故能審貴賤而通物情。物情順通，故大道無違；越名任心，故是非無措也。」

子風範。由此，「任心」即是順任內在情性，而內在情性即為「自然」，「心」與「情」於此處互文。「情」的議題經由「心」的內向化特質而與「自然」相勾連。此外，以「自然」論「情」，賦予倫常秩序以人情的內向訴求，闡發順任自然本性的道德原則，與《莊子》「仁義其非人情乎」的人倫關照契合。而「任自然」、「任心」所表露出的對精神生命絕對自由的追求，更與嵇康本人「性烈才俊」（《晉書・嵇康傳》）、「曠邁不群」（《魏志・王粲傳》注）的氣象風貌相類，也是其遵奉老莊思想的人格顯現——將《莊子》的「任情」傳統中順任本性、激發潛能、放達意境的精神向度彰顯得淋漓盡致。

〈聲無哀樂論〉一篇中，嵇康將「情」的議題納入與「樂」的關聯中討論，以「平和」之「情」詮釋音樂的本質，即所謂「聲音以平和為體，而感物無常」。由此，能夠感懷「無象之和聲」的性命之情自然與世俗的哀樂情欲殊異，從而指向表露內在本性的「道情」，正如「然和聲之感人心，亦猶酒醴之發人情也，酒以甘苦為主，而醉者以喜怒為用」。嵇康藉「樂」對「情」的論述，從天地之和追尋到人心之和，從他側重於個體生命通向宇宙生命的內在超越而言，[16] 延續著莊學的特質，與《莊子》追尋「天地有大美而不言」的藝術境界相吻合，與「安情」傳統期盼和諧會通的精神意旨相銜接。可以說，〈聲無哀樂論〉對音樂和情感關係的提示，一方面將音樂從政教傳統的附庸中釋放出來，使其求索藝術的純粹本質；另一方面也將個體生命從社會政治的束縛中解脫，使其追尋人性的內在本性。

此外，嵇康在〈憂憤詩〉中「抗心希古，任其所尚。托好老莊，賤物貴身。志在守樸，養素全真」的個性表露，以及〈與山巨源絕交書〉中的「七不堪」、「二不可」，乃至〈贈兄秀才入軍詩〉所云「目送歸鴻，手揮五弦。俯仰自得，遊心太玄」的型態描摹，都可視為文藝創作領域中「任情」主題的拓展。正因如此，是嵇康進一步將「情」的議題由哲學上的顯題化延伸至文學、藝術、美學等多個領域，推動了魏晉士大夫階

16.〈聲無哀樂論〉：「和心足於內，和氣見於外。故歌以敘志，舞以宣情；然後文以采章，照之以風雅，播之以八音，感之以太和。導其神氣，養而就之；迎其情性，致而明之；使心與理相順，氣與聲相應。」

層的文化演進和風尚轉變，並進而影響後世對「情」議題之多面性的關注。[17]

（三）《文心雕龍．情采》「文質附乎性情」觀

魏晉之際，「情」的議題作為時代的主旋律，浸潤於諸多領域，極具內在的生命力與潛在的創發力。文藝創作領域，「情采」、「氣質」及「神韻」等主題更被傾注廣泛的矚目乃至深切的體察，「情」的議題進而由概念哲學中的微弱音聲，扭轉為抒情文學中的嘹亮讚頌，並與《莊子》「任其性命之情」的思想一脈相承。這其中，曹丕在《典論．論文》中關注「文以氣為主」的情性激盪，[18]陸機在〈文賦〉中講求「詩緣情」、「賦體物」的與物感通。[19]由此，自建安文學倡導下的魏晉文壇，彰顯出「以情緯文，為文被質」的風尚。其間，創造的衝動自內在不停地湧現，誠如《莊子．天下》所謂「彼其充實不可以已」。而至劉勰《文心雕龍》之時，這一重「情」風尚才臻至成熟。

反觀人的思想生命，若能實現情、理兼顧，情、理會通則為最上，但概念哲學常常滯於理而欠缺情的滋潤，誠如尼采所言：「千年來，西方哲學家所從事的思想工作

都變成一種概念的木乃伊。」（《偶像的黃昏》）因而，尼采談論希臘藝術精神時，便將酒神精神與日神精神並舉。其中，酒神精神所代表的是一種由想像力而激發的創造意志。《文心雕龍》的〈神思〉一篇，正是借助回應文藝創作的源泉和動力這一問題，闡發以情思醞釀想像力，再由想像力而激發創造力的酒神精神，即所謂「寂然凝慮，

17. 張法所言「〈聲無哀樂論〉的出現，是藝術理論的獨立宣言」，是對嵇康精神的精闢概括（張法《中國美學史》，第九〇頁）。關於嵇康對「情」議題的延伸，蕭馳亦指出：「嵇康將玄學本無末有的論辯引向生存論哲學和藝術哲學所做的開拓。王弼的『聖人體無』闡發的仍是內聖外王的政治哲學，而嵇康的『泊然無感』、『和聲無象』則全然是關乎個體超越『情志之大域』的精神自由和審美境界。」（蕭馳：〈嵇康與莊學超越境界在抒情傳統中之開啟〉，《漢學研究》第二十五卷第一期，第一一八頁）

18. 對此，羅宗強先生注意到：「曹丕之前，劉歆早就說過：『詩以言情，情者，性之符也。』這區別，似在於以『氣』表述，強調了感情力量、感情氣勢。後人亦多從感情氣勢著眼，強調『氣』的動力。」（羅宗強《魏晉南北朝文學思想史》，中華書局，二〇〇六年版，第二三頁）

19. 關於物感理論，羅宗強先生指出：「氣說是物感說的哲學基礎，而物感說則是從氣之相通進而為情之交流。物色引起感情的波動，因之設想自然萬物，亦皆為有情之物，見春華而生生命勃發之聯想，見秋葉而發人生短促之歎息。」（羅宗強《魏晉南北朝文學思想史》，第八〇頁）

思接千載」、「悄焉動容，視通萬里」。「千載」和「萬里」共同建構起一個主客交互所敞開的廣闊時空系統，在「神與物遊」的情思流淌中，通過「寂然凝慮，思接千載」的虛靜工夫，便可觸摸綿延數千年的歷史情境；經由「悄焉動容，視通萬里」的細微洞察，方能溝通橫亙數萬里的藝術景致。由此，〈神思〉一篇雖未言「情」，卻以更具廣泛意涵的「神」囊括「情」，意圖在於強化「情」的創作功用。

《文心雕龍》全文言「情」凡一百四十六見，以〈情采〉一篇最為集中，達十五次之多。然〈情采〉對「情」的敘說又以「文」、「質」關係為主要線索。

針對齊梁之時文藝創作競相以繁縟華麗的辭藻掩蓋對真情實感的表露，劉勰著文糾偏，借助對情質與文采關係的思考，闡揚「文質附乎情性」的意旨，並在文學理論的層面對「情」的重要性予以肯定。就文質關係而言，其在先秦時代便已經成為公共論題，納入諸子百家的話語體系之中——孔子側重於塑造彬彬有禮的君子品性而宣揚文質並重、文質兼備的必要；莊子著意於抨擊本性迷失、人心混亂的社會現實而揭示「文滅質」、「博溺心」的弊端。[20]〈情采〉一篇無疑承接先秦諸子的思潮，在倡導文采附於情質的同時，強調情質待於文采，即所謂「文附質也」、「質待文也」，並將文質關係由諸子時代的禮樂教化視角轉移至魏晉之際的文藝創作視角。

在此基礎上，劉勰視性情為文辭章句的根柢和始基，而所謂「文質附乎性情」的實質即為「文質本於性情」。通俗而言，詩歌辭賦的文采需要以作者真情實感的表露為根本。進而，〈情采〉一篇倡導「為情而造文」而非「為文而造情」，突出「吟詠情性」對於建構文章思想內涵的價值，並以「要約寫真」、「依情待實」作為評判文章美學意蘊的標尺。這其中「情」的主體地位得到確證，「情」的「真」、「實」意涵以及「性情」為本的宗旨得到凸顯，不外乎是對《莊子》「反其性情而復其初」主張的重申。

區別於兩漢時期「文以載道」的學術風尚，魏晉文人的重「情」思潮有意識地分

20.《論語．雍也》：「子曰：『質勝文則野，文勝質則史。文質彬彬，然後君子。』」《莊子．繕性》：「心與心識知而不足以定天下，然後附之以文，益之以博。文滅質，博溺心，然後民始惑亂，無以反其性情而復其初。」

擔了《莊子・天下》篇中「道術將為天下裂」的憂慮，將被漢儒排擠的「情」，重新演繹進文人的思想意涵和審美旨趣中，通過理性解析和感性同通的整合與並重，領略道體的「恰似無情卻有情」。具體而言，建安以降，文人、士大夫傾向於探尋「情」的內在機制，上承《莊子》「通天下一氣耳」的氣一元論以及「濠上觀魚」的審美情趣，將「氣」作為「人情」、「天情」、「道情」間貫通的紐帶，視「氣」為情性與萬物間感通的媒介，並進而以山水引發文思，開創出山水詩的審美向度。正如《莊子》所言，「山林與！皋壤與！使我欣欣然而樂與」（〈知北遊〉）、「大林丘山之善於人也，亦神者不勝」（〈外物〉）。這其中，「情」如尼采的酒神精神一般，始終擔負著激發創造動力和藝術生命力的文化使命。顯然，文學作品中「情」的灌注和流淌，既折射出整個時代文化氛圍的悄然變遷，又意味著文人傳統的開端始於魏晉而淵源於《莊子》。

三、北宋新學、蜀學的「性情一體」觀

哲學史對於宋學傳統的演繹，素來重視南宋學術論「理」的一面，而忽視北宋學術「情」、「理」並重的一面，尤其是與莊學的關聯。其實，屬於哲學範疇的「理」原出自《莊子》。《莊子》中「理」凡三十八見，以外雜篇為主。[21]這其中，〈繕性〉一篇直接以「理」釋「道」，而〈秋水〉和〈則陽〉兩篇則蘊含著「情」、「理」並舉的表述，即所謂「是未明天地之理，萬物之情者也」（〈秋水〉），以及「孰正於其情？孰偏於其理」（〈則陽〉）。顯然，在《莊子》的語境中，「理」的概念既經歷著由紋理、條理之原初義到義理、規律之抽象義的引申過程，也呈現出與「情」並

21. 諸如〈繕性〉「道，理也……道無不理，義也」、〈秋水〉「知道者必達於理，達於理者必明於權，明於權者不以物害己」、〈知北遊〉「天地有大美而不言，四時有明法而不議，萬物有成理而不說」等。

舉、並重的態勢。

北宋五子中，人性論議題的突出源自張載，他提出「心統性情」的命題以及「天地之性」、「氣質之性」的概念。就情性關係而言，張載一方面提示「變化氣質」的修養工夫，同時也說：「飲食男女皆性也，是烏可滅？」（《正蒙．乾稱》）可是，到宋明後儒時，卻演變出「性」、「理」與「情」、「欲」的對峙，以至於理學家群體習慣於尊「理」黜「情」，進而標示出「存天理，滅人欲」這一有違人性的論斷。甚至王陽明在推崇「純乎天理」的道德本心時也強調，「只要去人欲，存天理，方是工夫。靜時念念去人欲存天理，動時念念去人欲存天理」（《傳習錄》）。

北宋思想界諸子競起，濂學、關學、新學、蜀學、洛學形成百家爭鳴的新氣象。例如，新學的王安石、蜀學的蘇軾，統合儒道，考辨情性，將《莊子》「性情不離」的論題訴諸理性的再解讀，與程朱學派「揚性抑情」的情性割裂學說形成鮮明對照。以下就對王安石的「性情一體」觀及蘇東坡對「情」的闡發展開論述。

（一）王安石「性情一體」說

王安石「性情一也」的論題，作為貫穿〈性情〉、〈原性〉、〈性說〉三篇情性專論的核心意旨，最為直接地契入《莊子》「性情不離」的論述語境。

首先，就性情意涵而言，所謂「性」，即指喜、怒、哀、樂、好、惡、欲等自然情感蓄存於內在本心，尚未向外發顯的狀態；而「情」則指喜、怒、哀、樂、好、惡、欲等自然情感流露於外在行為，已然向外發顯的狀態。正如〈性情〉所說：「性情一也。世有論者曰『性善情惡』，是徒識性情之名而不知性情之實也。喜、怒、哀、樂、好、惡、欲未發於外而存於心，性也；喜、怒、哀、樂、好、惡、欲發於外而見於行，情也。性者情之本，情者性之用，故吾曰性情一也。」顯然，王安石對「性」的詮釋，是以「與生俱生」的自然人性論立場為根基的。

其次，就性情關係而言，「情」是基於「性」的情感生發。也就是說，「性」是一種先天本能，而「情」是一種後天反應。二者名雖異而實乃同，性為體而情為用，共同構成自然人性統一體的體用兩面。由此，「性」與「情」只存在邏輯上的先後，無關乎價值上的善惡。所謂的「善惡」評判與取捨只適用於形之於外的「情」，與生俱生的自然本性無需訴諸「善惡」的衡量。[22]進而，對於「情」的善惡辨別，王安石以與外物相交接的「情」是否與「理」契合為評判標準，而「理」又可以引申為《莊子》中包含有「真」、「實」之意的「性命之情」，如〈性情〉所說：「故此七者，人生而有之，接於物而後動焉。動而當於理，則聖也、賢也；不當於理，則小人也。」對於聖賢而言，真情的流露即是本性的回歸。

由此可見，「情」本不外乎「性」，「性」乃「生」之本具。他甚至說：「如其廢情，則性雖善，何以自明哉？」「無情者善，則是若木石者尚矣。」（〈性情〉）在〈原性〉中，圍繞著諸子關於性情善惡的爭辯，王安石指出，對「性」的善惡分殊，以及對「性」、「情」的人為割裂，無非是將「性」偷換作「情」的荒謬解讀，也是將先天錯解為後天的理論缺陷。因此，王安石倡導「性情一體」命題的初衷，即是對違背自然人性論的孟子「性善」、荀子「性惡」乃至漢儒「性善情惡」等論說的反駁，而其背後的內在動因則是對《莊子》灌注人間的「性命之情」的深沉體悟。具體而言，即是對自孔子，經告子，至莊子的以人類受命成性之初的真樸狀態為人之本性實情的自然人性論體系的傳承。[23]為此，錢穆先生曾如此評價王安石，說：「荊公主張性、情一，情亦可以為善，如此則一般性善情惡的意見已推翻，使人再有勇氣熱情來面對真實人生，此乃荊公在當時思想界一大貢獻。」[24]

22. 〈原性〉：「夫太極生五行，然後利害生焉，而太極不可以利害言也。性生乎情，有情然後善惡形焉，而性不可以善惡言也。」「故曰有情然後善惡形焉。然則善惡者，情之成名而已矣。孔子曰：『性相近也，習相遠也。』吾之言如此。」
23. 參看陳鼓應〈莊子論人性的真與美〉，原刊《哲學研究》二〇一〇年第十二期；現已收入本書。
24. 錢穆《中國學術思想史論叢（五）》，《錢賓四先生全集》第二十冊，聯經出版公司，一九九八年版，第一五頁。

（二）〈前赤壁賦〉蘊含之「人情」、「天情」、「道情」

接續王安石的「性情一體」觀，蘇軾亦選取自然哲學的角度闡述性情善惡問題，[25]並經由對易學傳統的詮釋，指點孟子「性善論」的偏頗。他說：「昔者孟子以善為性，以為至矣，讀《易》而後知其非也。孟子之於性，蓋見其繼者而已。夫善，性之效也。孟子不及見性，而見夫性之效，因以所見為性。」（《東坡易傳》卷七）顯然，蘇軾認為，孟子誤以「繼之者善」的後天效用闡述人性，而並未領會性源於道而獨具的形上性。因此，孟子的性善論無非是將後天的社會效用混同為先天的自然本性，是以形下的善惡屬性規定形上的本質源泉。[26]

但有別於張載和王安石圍繞《莊子》「性情不離」論題的理性化論證，蘇軾另闢文學路徑，將思辨智慧融匯於詩詞創作中，於任情的主旋律中譜寫安情的音符，以澎湃恢宏的敘事手法演繹奔放曠達的人格，譬如〈念奴嬌．赤壁懷古〉的窮古今之變，〈水調歌頭〉的究天人之際，「亂石崩雲，驚濤裂岸」、「明月幾時有，把酒問青天」

的情緒施展，「人生如夢，一尊還酹江月」、「但願人長久，千里共嬋娟」的情感安頓。總體而言，蘇軾藉詩文予「任情」議題以濃墨重彩，予「安情」議題以細膩點綴，凸顯出尼采酒神精神與日神精神的相得益彰，也繼承著《莊子》中「無往而不樂」（〈大宗師〉）、「達生之情」、「達命之情」（〈達生〉）的放任與達觀。然而，回歸「性情不離」的論題，較之前兩者，〈前赤壁賦〉一篇當屬理路最為清晰地闡釋人情、天情、道情的縱向貫通乃至任情、安情的橫向延展的佳篇。其間，蘇軾以浩淼、宏闊的筆觸，回歸《莊子》關照天人的整體性視角，在天人、物我、古今的融通與交會中，將「情」的昇華與灌注自覺地作為文學創作的源泉。此間，「情」意激盪起的層疊漣漪，悠遠

25.《東坡易傳》卷一：「情者，性之動也。溯而上，至於命。沿而下，至於情，無非性者。性之與情，非有善惡之別也，方其散而有為，則謂之情耳。」

26. 對此，余敦康曾指出，「蘇軾論證了人的自然本性先於社會本性，只有這種無善無惡的自然本性才是真正的性命之源，道義之善是在這種自然本性的基礎上發展而成的」，並據此批評說，「理學家著眼於以社會本性去統率自然本性，主張『克己復禮』，即克制人的自然的情欲使之服從社會名教的規範」（余敦康《內聖外王的貫通——北宋易學的現代闡釋》，學林出版社，一九九七年，第九一、九三頁）。

而綿長，奏響藝術領域的華美抒情樂章。

蘇軾因烏台詩案貶謫黃州，基於人生的困頓多艱而創作〈前赤壁賦〉，將歷史意識與天人視野收攝於對生命的深沉思索中，並著意於經由「情」的跌宕起伏而探尋《莊子》「安所困苦哉」的返本之道。可以說，蘇軾所處的時代較之莊子更為艱難，而其所具的心境較之莊子卻更加開闊。[27]〈前赤壁賦〉全篇以道之流衍洞觀人世，藉懷古的題材開顯《莊子》綿延千載的情性議題——將「人情」上溯至「天情」並究極於「道情」，在「道情」的關照中放任、安頓性命之情。

「壬戌之秋，七月既望，蘇子與客泛舟遊於赤壁之下。清風徐來，水波不興。舉酒屬客，誦明月之詩，歌窈窕之章。」〈前赤壁賦〉開篇，蘇軾與友人泛舟悠遊、對酒當歌、賞月賦詩的場景鋪陳，閒適而愜意，彰顯著「人情」所蘊含的生命本真狀態之意以及順任本性、激發潛能、放達意境的「任其性命之情」宗旨。驟然，筆鋒調轉，視野由人而及天，側重於自然景致和宇宙視界的描繪，將個人的生命處境向自然和宇宙的高度推至。這其間，天地所獨具的遼闊與通透，不由得促使現實個體將生命的情調與天地廣博的情懷、宇宙深沉的情愫相貫通，以回歸自然而然的真樸狀態。所謂「浩浩乎如馮虛御風，而不知其所止；飄飄乎如遺世獨立，羽化而登仙」，便是「天情」與「道情」的意境。

隨後，主客對話展開，歷經友人的追溯與感懷，歷史場景重現。當年的曹孟德金戈鐵馬，成就一代梟雄，而如今儼然已隨時間的流逝而僅存於歷史的記憶中。自「天情」的無限與無際衡量，「人情」不免隨時空之流而瞬息萬變，令人生發蒼涼、悲楚之感。[28]為此，蘇軾回歸作為全篇主軸的「性命之情」議題，以消長之水和盈虛之月

---

27. 蘇軾的多篇遊記，都表露出此種開闊的心境，如〈超然台記〉言「凡物皆有可觀。苟有可觀，皆有可樂」、「安往而不樂」、「彼遊於物之內，而不遊於物之外。物雖有大小也，自其內而觀之，未有不高而且大也」等等。

28. 歷史情境與感懷之情見於此段，云：「蘇子愀然，正襟危坐，而問客曰：『何為其然也？』客曰：『月明星稀，烏鵲南飛。此非曹孟德之詩乎？西望夏口，東望武昌。山川相繆，鬱乎蒼蒼，此非孟德之困於周郎者乎？方其破荊州，下江陵，順流而東也，舳艫千里，旌旗蔽空，釃酒臨江，橫槊賦詩，固一世之雄也，而今安在哉？況吾與子漁樵於江渚之上，侶魚蝦而友麋鹿，駕一葉之扁舟，舉匏樽以相屬。寄蜉蝣於天地，渺滄海之一粟。哀吾生之須臾，羨長江之無窮。挾飛仙以遨遊，抱明月而長終。知不可乎驟得，託遺響於悲風。』」

為喻，討論「自其變者觀之」與「自其不變者觀之」兩種省察天地、物我與古今關係的法則，自「道」的演進歷程而洞察人世間，在變動不居與恆定長存之間，安住於宇宙超越對待的本質，進而秉持倫常、相尊相蘊、會通物我，實乃自「道情」而安頓「性命之情」的脈絡。[29]由此，主客沉浸於「不知東方之既白」的鬆弛、曠達心境中。於情意蕩漾中抒懷莊學遺風的〈前赤壁賦〉一篇至此終結。

結語

中國的「抒情傳統」，從不同的視角有著不同的論述，如一九七一年加州大學柏克萊校區東方語文學系陳世驤教授，在美國亞洲研究學會比較文學討論組致辭〈論中國抒情傳統〉（On Chinese Lyrical Tradition）。這篇文章放眼於西歐史詩及戲劇傳統的對比，從《詩經》和《楚辭》中體認到中國文學傳統的「抒情」特質，並從文學創作的視角宣稱，「中國文學傳統從整個而言就是一個抒情傳統」。[30]有別於文學創作的視角，本文從哲學理論的層面，使用概念分析的方法，對道家人性論中有關「情」的哲學議題以及「情」的範疇內涵與概念之間的內在聯繫進行論述。

「抒情」一詞，最早出現在屈原《楚辭．惜誦》的「發憤以抒情」一句中。[31]而從概念分析的視角追溯，先秦諸子中「情」的議題首先由莊子提出。《莊子》內篇自

29. 性命之情的主題見於蘇子所言，云：「客亦知夫水與月乎？逝者如斯，而未嘗往也；盈虛者如彼，而卒莫消長也。蓋將自其變者而觀之，則天地曾不能以一瞬；自其不變者而觀之，則物與我皆無盡也，而又何羨乎！且夫天地之間，物各有主，苟非吾之所有，雖一毫而莫取。惟江上之清風，與山間之明月，耳得之而為聲，目遇之而成色，取之無禁，用之不竭，是造物者之無盡藏也，而吾與子之所共適。」

30. 參看陳國球、王德威編《抒情之現代性──「抒情傳統」論述與中國文學研究》，生活．讀書．新知三聯書店，二〇一四年版，第四五一─五一頁。

31. 「情」字在《詩經》中僅出現一次，並且局限於「真」、「實」的本義。不同於《詩經》，屈原的《楚辭》深受《莊子》的薰染，其中「情」字出現四十四次之多，並且主要表示情感或情緒的涵義。

「人情」上溯提升至「天情」、「道情」的形上境界，而外篇由「道情」、「天情」反向灌注為「任情」和「安情」的現實人性。事實上，莊子（西元前三六九—二八四年）與屈原（西元前三四〇—二七八年）幾乎同時，前者可歸為想像哲學，而後者可歸為想像文學，一為「任其性命之情」、「安其性命之情」，一為「發憤以抒情」，二者匯合而為後世暢敘「情」意的歷史序幕。魏晉時期，這一論「情」序幕演變為重「情」思潮，哲學領域「情」的顯題化傾向延伸到文學、藝術、美學等多個領域，並由此形成「情」意激盪的文人傳統，造就了中國人性論史上「一往情深」的「有情」時代。[32]

北宋之時，以張載、王安石和蘇軾為代表的思想家，傳承《莊子》「性情不離」的議題，以「旁通而統貫」的人性論學說，為「情」營造出積極而豐滿的話語空間。然而，佛老影響下的程朱理學，一方面著意於建構形上的理論體系，彌補原始儒家側重倫常踐行的缺失；另一方面泯滅「情」的人性論功用，只談「心性」而避談「情性」，甚至提出「存天理，滅人欲」的反人性主張。它不僅影響著陸王心學，而且對後世人性理論的演進產生深重的流弊。

不同於程朱理學割裂性情關係的偏頗，也未受程朱理學切斷情性脈絡的制約，明末清初，以王夫之、戴震為代表的思想家，將傳承千載的情性議題湧動為「情本」思潮。[33]如王夫之「夫性者，先理也，日生則日成也」（《尚書引義》）的性在理先，「王道本乎人情」、「人情之通天下而一理者，即天理也」（《四書訓義》）的情為理本；又如戴震「在己與人皆謂之情，無過情無不及情之謂理」（《孟子字義疏證》）的以情釋理，「德純乎性者，情亦適如其性；如其性者之情，不容已之情也」（《船山經義》）的性情一如。凡此種種，無不與《莊子》復返人性、人情以探求倫常規範的宗

32. 正如張法所言，「魏晉的人格自覺可以說是莊子與屈原的合一，是莊子的自由與忘情與屈子的浪漫與深情的合一。老莊與屈子的碰撞，在魏晉清談的話題裡表現為『有情無情』的爭論」（張法《中國美學史》，第八〇頁）。

33. 此外，馮達文曾專題論述陳白沙的心學在儒學史上喚醒「情」的地位及其與道家的關聯，說：「陳白沙重新喚回被程、朱放逐了的『情』，以『情』為『心』為『性』。由此可言，白沙的『心本論』實為『情本論』……顯然，白沙以『情』至上，追求心的自然—本然性，已具道家品味。」（馮達文《中國哲學的本源——本體論》，廣東人民出版社，二〇〇一年版，第二八五、二八八頁）

旨吻合。所謂「理」，並非疏離於人之情性，戴震自人之情欲探求理之發用，並由此分辨古今之「理」的差異，正是出於對「理」日趨封閉的擔憂。[34]

針對「存天理，滅人欲」等命題，錢穆在對明末清初的學術進行評價時也指出：「在晚明諸老心中，藏有兩大問題，一是宋明儒的心學，愈走愈向裡，愈逼愈渺茫，結果不得不轉身向外來重新找新天地，這是學術上的窮途……晚明諸遺老多半尚是批評陸王，乾嘉則排斥程朱。乾嘉的態度愈偏激，愈見他們內心波動之不自然。」[35]事實上，包括明末清初「情本」思潮在內的抒情傳統，無不源於時代命運的坎坷以及個人遭遇的困苦，政治高壓下內心的激盪，社會動盪下胸中的委屈，都能借助「情」的抒發而得到安頓。歸根到柢，這一傳統肇端於《莊子》，是《莊子》「安所困苦哉」的生命感懷及其天人視角的整體性思維，為文明傳統注入綿延不絕的抒情血脈。[36]

（本文是在北京大學哲學系博士生苗玥幫助下完成的，原刊於《哲學研究》二〇一六年第二期）

34.《孟子字義疏證》：「古之言理也，就人之情欲求之，使之無疵之謂理。今之言理也，離人之情欲求之，使之忍而不顧之謂理。」「聖人治天下，體民之情，遂民之欲，而王道備。」

35. 錢穆《中國學術思想史論叢（八）》，《錢賓四先生全集》第二十二冊，第五—一三頁。

36. 周汝昌在《神州自有連城璧》中認為：「中華文化有兩條主脈：一是仁義道德，一是才情靈智。兩者會合乃生英才、雄略、哲士、偉人……中華的文化，從字義來看，應該主要是指『人文教化』。此教化是陶冶，是積漸，是潛默。——這是一種『感染』的方式和力量……『化』的對象是性情，可以因情以明道達理，卻不是先『聞道』而後生情，是知『情』方是一切『心理』活動的根源。」（山東畫報出版社，二〇〇五年版，第二四二頁）

附錄　《莊子》「心」、「性」、「情」三字出處索引

心（共計一百八十七次）

〈逍遙遊〉（一次）

一、則夫子猶有蓬之心也夫！

〈齊物論〉（七次）

一、形固可使如槁木，而心固可使如死灰乎？

二、與接為構，日以心鬥。

三、近死之心，莫使復陽也。

四、其形化，其心與之然，可不謂大哀乎？

五、夫隨其成心而師之，誰獨且無師乎？

六、奚必知代而心自取者有之？愚者與有焉。

七、未成乎心而有是非，是今日適越而昔至也。

〈人間世〉（二十次）

一、名聞不爭，未達人心。

二、而目將熒之，而色將平之，口將營之，容將形之，心且成之。

三、夫以陽為充孔揚，采色不定，常人之所不違，因案人之所感，以求容與其心，名之曰日漸之德不成，而況大德乎！

四、雖然，止是耳矣，夫胡可以及化！猶師心者也。

五、有心而為之，其易邪？

六、是祭祀之齋，非心齋也。回曰：「敢問心齋。」仲尼曰：「若一志，無聽之以耳而聽之以心；無聽之以心而聽之以氣。聽止於耳，心止於符。氣也者，虛而待物者也。唯道集虛。虛者，心齋也。」

七、夫徇耳目內通而外於心知，鬼神將來舍，而況人乎！

八、子之愛親，命也，不可解於心。

九、自事其心者，哀樂不易施乎前，知其不可奈何而安之若命，德之至也。

十、獸死不擇音，氣息茀然，於是並生心厲。剋核太至，則必有不肖之心應之而不知其然也。

十一、且夫乘物以遊心，託不得已以養中，至矣。

十二、形莫若就，心莫若和。雖然，之二者有患。就不欲入，和不欲出。形就而入，且為顛為滅，為崩為蹶；心和而出，且為聲為名，為妖為孽。

十三、時其飢飽，達其怒心。

〈德充符〉（八次）

一、固有不言之教，無形而心成者邪？

二、若然者，其用心也，獨若之何？

三、夫若然者，且不知耳目之所宜，而遊心乎德之和。

四、彼為己，以其知得其心，以其心得其常心。物何為最之哉？

五、將求名而能自要者而猶若是，而況官天地、府萬物、直寓六骸、象耳目、一知之所知而心未嘗死者乎！

六、使日夜無郤，而與物為春，是接而生時於心者也。是之謂才全。

〈大宗師〉（八次）

一、是之謂不以心捐道，不以人助天，是之謂真人。若然者，其心志，其容寂，其顙頯。

二、故聖人之用兵也，亡國而不失人心。

三、四人相視而笑，莫逆於心，遂相與為友。

四、其心閒而無事。

五、三人相視而笑，莫逆於心，遂相與為友。

六、孟孫才，其母死，哭泣無涕，中心不戚，居喪不哀。

七、且彼有駭形而無損心，有旦宅而無情死。

〈應帝王〉（五次）

一、汝又何帠以治天下感予之心為？

二、汝遊心於淡，合氣於漠，順物自然而無容私焉，而天下治矣。

三、是於聖人也，胥易技係，勞形怵心者也。

四、列子見之而心醉。

五、至人之用心若鏡，不將不迎，應而不藏，故能勝物而不傷。

〈駢拇〉（二次）

一、駢於辯者，累瓦結繩竄句，遊心於堅白同異之間，而敝跬譽無用之言詞非乎？

二、屈折禮樂，呴俞仁義，以慰天下之心者，此失其常然也。

〈馬蹄〉（一次）

一、及至聖人，屈折禮樂以匡天下之形，縣跂仁義以慰天下之心，而民乃始踶跂好知，爭歸於利，不可止也。

〈在宥〉（十二次）

一、不治天下，安藏人心？

二、汝慎無攖人心。人心排下而進上，上下囚殺，淖約柔乎剛強……其居也淵而靜，其動也懸而天。僨驕而不可係者，其唯人心乎！

三、昔者黃帝始以仁義攖人之心……天下脊脊大亂，罪在攖人心。

四、而佞人之心翦翦者，又奚足以語至道！

五、目無所見，耳無所聞，心無所知，女神將守形，形乃長生。

六、噫！心養！汝徒處無為，而物自化。墮爾形體，吐爾聰明，倫與物忘，大同乎涬溟。解心釋神，莫然無魂。

七、同於己而欲之，異於己而不欲者，以出乎眾為心也。夫以出乎眾為心者，曷常出乎眾哉！

〈天地〉（十五次）

一、記曰：「通於一而萬事畢，無心得而鬼神服。」

二、夫道，覆載萬物者也，洋洋乎大哉！君子不可以不刳心焉。

三、君子明於此十者，則韜乎其事心之大也，沛乎其為萬物逝也。

四、故其德廣，其心之出，有物采之。

五、是胥易技係，勞形怵心者也。

六、凡有首有趾、無心無耳者眾；有形者與無形無狀而皆存者盡無。

七、大聖之治天下也，搖盪民心，使之成教易俗，舉滅其賊心而皆進其獨志。若性之自為，而民不知其所由然。若然者，豈兄堯、舜之教民，溟涬然弟之哉？欲同乎德而心居矣！

八、吾聞之吾師，有機械者必有機事，有機事者必有機心。機心存於胸中則純白不備。純白不備則神生不定，神生不定者，道之所不載也。

九、功利機巧必忘夫人之心。若夫人者，非其志不之，非其心不為。

十、是故高言不止於眾人之心；至言不出，俗言勝也。

十一、且夫失性有五：一曰五色亂目，使目不明；二曰五聲亂耳，使耳不聰；三曰五臭熏鼻，困惾中顙；四曰五味濁口，使口厲爽；五曰趣舍滑心，使性飛揚。

〈天道〉（十二次）

一、萬物無足以鐃心者，故靜也。

二、聖人之心靜乎！天地之鑑也，萬物之鏡也。

三、其動也天，其靜也地，一心定而王天下；其鬼不崇，其魂不疲，一心定而萬物服。言虛靜推於天地，通於萬物，此之謂天樂。天樂者，聖人之心以畜天下也。

四、此五末者，須精神之運，心術之動，然後從之者也。

五、昔者舜問於堯曰：「天王之用心何如？」堯曰：「吾不敖無告，不廢窮民，苦死者，嘉孺子而哀婦人，此吾所以用心已。」

六、中心物愷，兼愛無私，此仁義之情也。

七、昔者吾有刺於子，今吾心正卻矣，何故也？

八、通乎道，合乎德，退仁義，賓禮樂，至人之心有所定矣！

九、斫輪，徐則甘而不固，疾則苦而不入，不徐不疾，得之於手而應於心，口不能言，有數存乎其間。

〈天運〉（十次）

一、此之謂天樂，無言而心說。

二、故西施病心而矉其里，其里之醜人見之而美之，歸亦捧心而矉其里。

三、故曰：正者，正也。其心以為不然者，天門弗開矣。

四、夫仁義憯然，乃憤吾心，亂莫大焉。

五、黃帝之治天下，使民心一……堯之治天下，使民心親……舜之治天下，使民心競……禹之治天下，使民心變，人有心而兵有順，殺盜非殺，人自為種而天下耳，是以天下大駭，儒、墨皆起。

〈刻意〉（一次）

一、故心不憂樂，德之至也。

〈繕性〉（四次）

一、德又下衰，及唐、虞始為天下，興治化之流，澆淳散朴，離道以善，險德以行，然後去性而從於心。心與心識知，而不足以定天下，然後附之以文，益之以博。文滅質，博溺心，然後民始惑亂，無以反其性情而復其初。

〈秋水〉（一次）

一、夔憐蚿，蚿憐蛇，蛇憐風，風憐目，目憐心。

〈達生〉（五次）

一、復讎者不折鏌干，雖有忮心者不怨飄瓦，是以天下平均。

二、夫忿滀之氣，散而不反，則為不足；上而不下，則使人善怒；下而不上，則使人善忘；不上不下，中身當心，則為病。

三、臣將為鐻，未嘗敢以耗氣也，必齊以靜心。

四、工倕旋而蓋規矩，指與物化而不以心稽，故其靈台一而不桎。忘足，履之適也；忘要，帶之適也；知忘是非，心之適也；不內變，不外從，事會之適也；始乎適而未嘗不適者，忘適之適也。

〈山木〉（四次）

一、吾願君刳形去皮，洒心去欲，而遊於無人之野。

二、方舟而濟於河，有虛船來觸舟，雖有惼心之人不怒。

三、今處昏上亂相之間而欲無憊，奚可得邪？此比干之見剖心，徵也夫！

四、木聲與人聲，犁然有當於人之心。

〈田子方〉（十一次）

一、吾聞中國之君子，明乎禮義而陋於知人心。

二、中國之民，明乎禮義而陋乎知人心。

三、夫哀莫大於心死，而人死亦次之。

四、吾遊心於物之初。

五、心困焉而不能知，口辟焉而不能言。

六、且萬化而未始有極也，夫孰足以患心！已為道者解乎此。

七、夫子德配天地，而猶假至言以修心。古之君子，孰能脫焉！

八、百里奚爵祿不入於心，故飯牛而牛肥，使秦穆公忘其賤，與之政也。有虞氏死生不入於心，故足以動人。

九、長官者不成德，則同務也，鋏斛不敢入於四竟，則諸侯無二心也。

十、肩吾問於孫叔敖曰：「子三為令尹而不榮華，三去之而無憂色。吾始也疑子，今視子之鼻間栩栩然，子之用心獨奈何？」

〈知北遊〉（四次）

一、形若槁骸，心若死灰，真其實知，不以故自持。媒媒晦晦，無心而不可與謀。

二、汝齊戒，疏瀹而心，澡雪而精神，掊擊而知！

三、其用心不勞，其應物無方。

〈庚桑楚〉（七次）

一、心之與形，吾不知其異也，而狂者不能自得。

二、兒子動不知所為，行不知所之，身若槁木之枝而心若死灰。

三、備物將以形，藏不虞以生心，敬中以達彼。

四、非陰陽賊之，心則使之也。

五、徹志之勃，解心之謬，去德之累，達道之塞。貴富顯嚴名利六者，勃志也；容動色理氣意六者，謬心也；惡欲喜怒哀樂六者，累德也；去就取與知能六者，塞道也。

六、欲靜則平氣，欲神則順心。

〈徐无鬼〉（四次）

一、夫子，物之尤也。形固可使若槁骸，心固可使若死灰乎？

二、以目視目，以耳聽耳，以心復心。

三、故目之於明也殆，耳之於聽也殆，心之於殉也殆，凡能其於府也殆，殆之成也不給改。

〈則陽〉（五次）

一、其於人心者，若是其遠也。

二、知遊心於無窮，而反在通達之國，若存若亡乎？

三、其聲銷，其志無窮，其口雖言，其心未嘗言。方且與世違，而心不屑與之俱。

四、今人之治其形，理其心，多有似封人之所謂：遁其天，離其性，滅其情，亡其神，以眾為。

〈外物〉（五次）

一、螴蜳不得成，心若懸於天地之間，慰暋沉屯，利害相摩，生火甚多，眾人焚和。月固不勝火，於是乎有僓然而道盡。

二、龜至，君再欲殺之，再欲活之。心疑，卜之。

三、目徹為明，耳徹為聰，鼻徹為顫，口徹為甘，心徹為知，知徹為德。

四、胞有重閬，心有天遊。室無空虛，則婦姑勃谿；心無天遊，則六鑿相攘。

〈寓言〉（四次）

一、使人乃以心服而不敢蘁立，定天下之定。

二、曾子再仕而心再化，曰：「吾及親仕，三釜而心樂；後仕，三千鍾而不洎，吾心悲。」

〈讓王〉（四次）

一、日出而作，日入而息，逍遙於天地之間，而心意自得。

二、使者去，子列子入，其妻望之而拊心曰：「妾聞為有道者之妻子，皆得佚樂。今有飢色，君過而遺先生食，先生不受，豈不命邪？」

三、故養志者忘形，養形者忘利，致道者忘心矣。

四、身在江海之上，心居乎魏闕之下，奈何？

〈盜跖〉（十三次）

一、且跖之為人也，心如湧泉，意如飄風，強足以距敵，辯足以飾非。順其心則喜，逆其心則怒，易辱人以言。

二、若所言順吾意則生，逆吾心則死。

三、神農之世，臥則居居，起則于于。民知其母，不知其父，與麋鹿共處，耕而食，織而衣，無有相害之心，此至德之隆也。

四、子胥沉江，比干剖心。

五、若棄名利，反之於心，則夫士之為行，不可一日不為乎！……若棄名利，反之於心，則夫士之為行，抱其天乎！

六、今謂臧聚曰「汝行如桀、紂」，則有怍色，有不服之心者，小人所賤也。

七、比干剖心，子胥抉眼，忠之禍也；直躬證父，尾生溺死，信之患也；鮑子立乾，申子不自理，廉之害也；孔子不見母，匡子不見父，義之失也。

八、慘怛之疾，恬愉之安，不監於體；怵惕之恐，欣懽之喜，不監於心。

九、且夫聲色滋味權勢之於人，心不待學而樂之，體不待象而安之。

十、財積而無用，服膺而不舍，滿心戚醮，求益而不止，可謂憂矣。

〈漁父〉（三次）

一、苦心勞形以危其真。

二、丘少而修學，以至於今，六十九歲矣，無所得聞至教，敢不虛心！

三、湛於禮義有間矣，而樸鄙之心至今未去。

〈列禦寇〉（五次）

一、夫內誠不解，形諜成光，以外鎮人心，使人輕乎貴老，而韲其所患。

二、受乎心，宰乎神，夫何足以上民！

三、凡人心險於山川，難於知天。

四、賊莫大乎德有心而心有睫，及其有睫也而內視，內視而敗矣！

〈天下〉（六次）

一、恐其不可以為聖人之道，反天下之心。

二、不累於俗，不飾於物，不苟於人，不忮於眾，願天下之安寧以活民命，人我之養，畢足而止，以此白心。

三、語心之容，命之曰心之行。

四、桓團、公孫龍辯者之徒，飾人之心，易人之意，能勝人之口，不能服人之心，辯者之囿也。

性（共計八十五次）

〈駢拇〉（十九次）

一、駢拇枝指出乎性哉，而侈於德；附贅縣疣出乎形哉，而侈於性；多方乎仁義而用之者，列於五藏哉！而非道德之正也。

二、枝於仁者，擢德塞性以收名聲，使天下簧鼓以奉不及之法非乎？

三、彼正正者，不失其性命之情。

四、故性長非所斷，性短非所續，無所去憂也。

五、今世之仁人，蒿目而憂世之患；不仁之人，決性命之情而饕貴富。

六、且夫待鉤繩規矩而正者，是削其性者也。

七、夫小惑易方，大惑易性。何以知其然邪？自虞氏招仁義以撓天下也，天下莫不奔命於仁義。是非以仁義易其性與？

八、自三代以下者，天下莫不以物易其性矣！小人則以身殉利；士則以身殉名；大夫則以身殉家；聖人則以身殉天下。故此數子者，事業不同，名聲異號，其於傷性以身為殉，一也。

九、二人者，所死不同，其於殘生傷性均也，奚必伯夷之是而盜跖之非乎？

十、若其殘生損性，則盜跖亦伯夷已，又惡取君子小人於其間哉！

十一、且夫屬其性乎仁義者，雖通如曾、史，非吾所謂臧也；屬其性於五味，雖通如俞兒，非吾所謂臧也；屬其性乎五聲，雖通如師曠，非吾所謂聰也；屬其性乎五色，雖通如離朱，非吾所謂明也。

十二、吾所謂臧者，非所謂仁義之謂也，任其性命之情而已矣。

〈馬蹄〉（五次）

一、馬，蹄可以踐霜雪，毛可以禦風寒。齕草飲水，翹足而陸。此馬之真性也。

二、夫埴木之性，豈欲中規矩鉤繩哉？

三、彼民有常性，織而衣，耕而食，是謂同德。

四、同乎無知，其德不離；同乎無欲，是謂素樸。素樸而民性得矣。

五、性情不離，安用禮樂！

〈胠篋〉（一次）

一、故上悖日月之明，下爍山川之精，中墮四時之施，惴耎之蟲，肖翹之物，莫不失其性。

〈在宥〉（九次）

一、聞在宥天下，不聞治天下也。在之也者，恐天下之淫其性也；宥之也者，恐天下之遷其德也。天下不淫其性，不遷其德，有治天下者哉？昔堯之治天下也，使天下欣欣焉人樂其性，是不恬也；桀之治天下也，使天下瘁瘁焉人苦其性，是不愉也。

二、自三代以下者，匈匈焉終以賞罰為事，彼何暇安其性命之情哉！

三、天下將安其性命之情，之八者，存可也，亡可也。天下將不安其性命之情，之八者，乃始臠卷獊囊而亂天下也。

四、故君子不得已而臨莅天下，莫若無為。無為也，而後安其性命之情。

五、於是乎喜怒相疑，愚知相欺，善否相非，誕信相譏，而天下衰矣；大德不同，而性命爛漫矣；天下好知，而百姓求竭矣。

〈天地〉（九次）

一、齧缺之為人也，聰明睿知，給數以敏，其性過人，而又乃以人受天。

二、形體保神，各有儀則謂之性；性修反德，德至同於初。

三、若性之自為，而民不知其所由然。

四、夫明白入素，無為復樸，體性抱神，以遊世俗之間者，汝將固驚邪？

五、比犧尊於溝中之斷，則美惡有間矣，其於失性一也。跖與曾、史，行義有間矣，然其失性均也。且夫失性有五：一曰五色亂目，使目不明；二曰五聲亂耳，使耳不聰；三曰五臭薰鼻，困惾中顙；四曰五味濁口，使口厲爽；五曰趣舍滑心，使性飛揚。

〈天道〉（三次）

一、老聃曰：「請問：仁義，人之性邪？」孔子曰：「然，君子不仁則不成，不義則不生。仁義，真人之性也，又將奚為矣？」

二、意！夫子亂人之性也！

〈天運〉（二次）

一、其知憯於蠣蠆之尾，鮮規之獸，莫得安其性命之情者，而猶自以為聖人，不亦可恥乎，其無恥也？

二、性不可易，命不可變，時不可止，道不可壅。

〈刻意〉（一次）

一、水之性，不雜則清，莫動則平；鬱閉而不流，亦不能清；天德之象也。

〈繕性〉（九次）

一、繕性於俗學，以求復其初；滑欲於俗思，以求致其明：謂之蔽蒙之民。

二、知與恬交相養，而和理出其性。

三、彼正而蒙己德，德則不冒。冒則物必失其性也。

四、德又下衰，及唐、虞始為天下，興治化之流，澆淳散樸，離道以善，險德以行，然後去性而從於心。

五、文滅質，博溺心，然後民始惑亂，無以反其性情而復其初。

六、古之存身者，不以辯飾知，不以知窮天下，不以知窮德，危然處其所而反其性，已又何為哉！

七、軒冕在身，非性命也，物之儻來，寄者也。

八、喪己於物，失性於俗者，謂之倒置之民。

〈秋水〉（一次）

一、鴟鵂夜撮蚤，察毫末，晝出瞋目而不見丘山，言殊性也。

〈達生〉（五次）

一、壹其性，養其氣，合其德，以通乎物之所造。

二、曰：「亡，吾無道。吾始乎故，長乎性，成乎命。與齊俱入，與汩偕出，從水之道而不為私焉。此吾所以蹈之也。」孔子曰：「何謂始乎故，長乎性，成乎命？」曰：「吾生於陵而安於陵，故也；長於水而安於水，性也；不知吾所以然而然，命也。」

三、其巧專而外骨消，然後入山林，觀天性，形軀至矣，然後成見鐻，然後加手焉，不然則已。

〈山木〉（一次）

一、有人，天也；有天，亦天也。人之不能有天，性也。

〈知北遊〉（一次）

一、是天地之委形也；生非汝有，是天地之委和也；性命非汝有，是天地之委順也；子孫非汝有，是天地之委蛻也。

〈庚桑楚〉（三次）

一、惘惘乎，汝欲反汝情性而無由入，可憐哉！

二、道者，德之欽也；生者，德之光也；性者，生之質也。性之動謂之為，為之偽謂之失。

〈徐无鬼〉（二次）

一、君將盈耆欲，長好惡，則性命之情病矣。

二、馳其形性，潛之萬物，終身不反，悲夫！

〈則陽〉（七次）

一、聖人達綢繆，周盡一體矣，而不知其然，性也。

二、若知之，若不知之，若聞之，若不聞之，其可喜也終無已，人之好之亦無已，性也……若知之，若不知之，若聞之，若不聞之，其愛人也終無已，人之安之亦無已，性也。

三、遁其天，離其性，滅其情，亡其神，以眾為。故鹵莽其性者，欲惡之孽，為性萑葦蒹葭，始萌以扶吾形，尋擢吾性。

〈盜跖〉（五次）

一、孰論之，皆以利惑其真而強反其情性，其行乃甚可羞也。

二、小人殉財，君子殉名，其所以變其情，易其性，則異矣；乃至於棄其所為而殉其所不為，則一也。

三、夫欲惡避就，固不待師，此人之性也。

四、計其患，慮其反，以為害於性，故辭而不受也，非以要名譽也。

五、及其患至，求盡性竭財，單以反一日之無故而不可得也。

〈漁父〉（一次）

一、孔氏者，性服忠信，身行仁義，飾禮樂，選人倫，上以忠於世主，下以化於齊民，將以利天下。此孔氏之所治也。

〈列禦寇〉（一次）

一、以支為旨，忍性以視民，而不知不信。

情（共計六十次）

〈逍遙遊〉（一次）

一、吾驚怖其言，猶河漢而無極也，大有徑庭，不近人情焉。

〈齊物論〉（二次）

一、若有真宰，而特不得其眹。可行已信，而不見其形，有情而無形。

二、如求得其情與不得，無益損乎其真。

〈養生主〉（一次）

一、是遁天倍情，忘其所受，古者謂之遁天之刑。

〈人間世〉（三次）

一、吾未至乎事之情，而既有陰陽之患矣！

二、為人臣子者，固有所不得已，行事之情而忘其身，何暇至於悅生而惡死！

三、傳其常情，無傳其溢言，則幾乎全。

〈德充符〉（七次）

一、有人之形，無人之情。有人之形，故群於人；無人之情，故是非不得於身。

二、惠子謂莊子曰：「人故無情乎？」莊子曰：「然。」惠子曰：「人而無情，何以謂之人？」莊子曰：「道與之貌，天與之形，惡得不謂之人？」惠子曰：「既謂之人，惡得無情？」莊子曰：「是非吾所謂情也。吾所謂無情者，言人之不以好惡內傷其身，常因自然而不益生也。」

〈大宗師〉（四次）

一、死生，命也；其有夜旦之常，天也。人之有所不得與，皆物之情也。

二、若夫藏天下於天下而不得所遁，是恆物之大情也。

三、夫道，有情有信，無為無形；可傳而不可受，可得而不可見；自本自根，未有天地，自古以固存；神鬼神帝，生天生地；在太極之先而不為高，在六極之下而不為深，先天地生而不為久，長於上古而不為老。

四、且彼有駭形而無損心，有旦宅而無情死。

〈應帝王〉（一次）

一、其知情信，其德甚真，而未始入於非人。

〈駢拇〉（六次）

一、是故駢於足者，連無用之肉也；枝於手者，樹無用之指也；多方駢枝於五藏之情者，淫僻於仁義之行，而多方於聰明之用也。

二、彼正正者，不失其性命之情。

三、意仁義其非人情乎！

四、今世之仁人，蒿目而憂世之患；不仁之人，決性命之情而饕貴富。故意仁義其非人情乎！

五、吾所謂臧者，非所謂仁義之謂也，任其性命之情而已矣。

〈馬蹄〉（一次）

一、性情不離，安用禮樂！

〈在宥〉（六次）

一、自三代以下者，匈匈焉終以賞罰為事，彼何暇安其性命之情哉！

二、天下將安其性命之情，之八者，存可也，亡可也。天下將不安其性命之情，之八者，乃始臠卷獊囊而亂天下也。

三、故君子不得已而臨莅天下，莫若無為。無為也，而後安其性命之情。

四、亂天之經，逆物之情，玄天弗成，解獸之群而鳥皆夜鳴，災及草木，禍及止蟲。

五、無問其名，無闚其情，物固自生。

〈天地〉（二次）

一、聖治乎？官施而不失其宜，拔舉而不失其能，畢見情事而行其所為，行言自為而天下化，手撓顧指，四方之民莫不俱至，此之謂聖治。

二、致命盡情，天地樂而萬事銷亡，萬物復情，此之謂混冥。

〈天道〉（三次）

一、中心物愷，兼愛無私，此仁義之情也。

二、悲夫，世人以形色名聲為足以得彼之情！夫形色名聲果不足以得彼之情，則知者不言，言者不知，而世豈識之哉！

〈天運〉（二次）

一、聖也者，達於情而遂於命也。

二、其知憯於蠣蠆之尾，鮮規之獸，莫得安其性命之情者，而猶自以為聖人，不亦可恥乎，其無恥也？

〈繕性〉（二次）

一、夫德，和也；道，理也。德無不容，仁也；道無不理，義也；義明而物親，忠也；中純實而反乎情，樂也；信行容體而順乎文，禮也。

二、文滅質，博溺心，然後民始惑亂，無以反其性情而復其初。

〈秋水〉（二次）

一、世之議者皆曰：「至精無形，至大不可圍。」是信情乎？

二、是未明天地之理，萬物之情者也。

〈達生〉（二次）

一、達生之情者，不務生之所無以為；達命之情者，不務知之所無奈何。

〈山木〉（二次）

一、若夫萬物之情，人倫之傳，則不然：合則離，成則毀，廉則挫，尊則議，有為則虧，賢則謀，不肖則欺，胡可得而必乎哉？

二、形莫若緣，情莫若率。

〈庚桑楚〉（一次）

一、惘惘乎，汝欲反汝情性而無由入，可憐哉！

〈徐无鬼〉（二次）

一、君將盈耆欲，長好惡，則性命之情病矣。

二、修胸中之誠，以應天地之情而勿攖。

〈則陽〉（二次）

一、遁其天，離其性，滅其情，亡其神，以眾為。

二、季真之莫為，接子之或使。二家之議，孰正於其情？孰偏於其理？

〈盜跖〉（四次）

一、孰論之，皆以利惑其真而強反其情性，其行乃甚可羞也。

二、今吾告子以人之情：目欲視色，耳欲聽聲，口欲察味，志氣欲盈。

三、論則賤之，行則下之，則是言行之情悖戰於胸中也，不亦拂乎！

四、小人殉財，君子殉名，其所以變其情、易其性，則異矣；乃至於棄其所為而殉其所不為，則一也。

〈漁父〉（一次）

一、子審仁義之間，察同異之際，觀動靜之變，適受與之度，理好惡之情，和喜怒之節，而幾於不免矣。

〈列禦寇〉（二次）

一、天猶有春秋冬夏旦暮之期，人者厚貌深情。

二、達生之情者傀，達於知者肖；達大命者隨，達小命者遭。

〈天下〉（一次）

一、以禁攻寢兵為外，以情欲寡淺為內，其小大精粗，其行適至是而止。

莊子人性論：當代道家學者陳鼓應從莊子中的心性情，剖析人生哲理／陳鼓應著 . -- 初版 . -- 新北市：臺灣商務印書館股份有限公司，2021.05
288 面；14.8×21 公分 . --（人文）
ISBN 978-957-05-3311-8（平裝）

1.(周) 莊周　2. 學術思想　3. 人生哲學

121.33　　110003722

人文

莊子人性論

當代道家學者陳鼓應從莊子中的心性情，剖析人生哲理

作　　者 — 陳鼓應
發 行 人 — 王春申
選書顧問 — 林桶法、陳建守
總 編 輯 — 張曉蕊
責任編輯 — 廖雅秦
校　　對 — 呂佳真、許瑞娟
封面設計 — 李東記
內頁設計 — 綠貝殼資訊有限公司

業務組長 — 何思頓
行銷組長 — 張家舜

出版發行 — 臺灣商務印書館股份有限公司
23141 新北市新店區民權路 108-3 號 5 樓（同門市地址）
電話：(02)8667-3712　傳真：(02)8667-3709
讀者服務專線：0800056193
郵撥：0000165-1
E-mail：ecptw@cptw.com.tw
網路書店網址：www.cptw.com.tw
Facebook：facebook.com.tw/ecptw

局版北市業字第 993 號
初版一刷：2021 年 5 月
印刷廠：沈氏藝術印刷股份有限公司
定價：新台幣 380 元
法律顧問—何一芃律師事務所